半建築

長坂常

はじめに

実はこの「半建築」というタイトルの本はすでにもう出ている。ただ、中身は違う。二〇二〇年に中国の聴松文庫という編集事務所から、僕の『B面がA面に変わるとき』（大和プレス、二〇〇九年。増補版は鹿島出版会、二〇一六年）、『常に思っていること』（LIXIL出版、二〇一六年）、『Jo Nagasaka/Schemata Architects』（Frame Publishing、二〇一七年）などの過去の本をまとめた本をつくりたいという話をいただいたのだが、そのタイトルをつける時に「わかりやすく長坂さんの仕事を中国語で表現したい」ということになった。その時に僕なりに考えた上で出てきたのが「between architecture and furniture」という言葉だったのだが、そしたら、「弱い」と一喝。もっと強く響く言葉が欲しいということになって、担当編集者の朱さんが考えてくれたのが「半建築」というタイトルだった。このクリアなタイトルは漢字のみで表現されている。

そっか、漢字ってこういう使い方ができるんだと、中国人から漢字の使い方を教わったのだった。「between architecture and furniture」だと、建築家でもなければ、インテリアデザイナーでもない、そして家具デザイナーでもない、どこか摑みづらく後が続きにくい。でも、そのポジションの必要性は確実にあって、そこをど真ん中にした固有名詞を当ててあげたく思っていたのだが、この「半建築」という言葉が我々の仕事にあてがわれた時、一気に腑に落ちる感覚があって、自分たちの仕事を中心に置いて考えられるようになり、一気に仕事がしやすくなったのだった。

そしてそのタイトルは、僕だけではなく意外に周りでも反応がよく、みんなが「常らしい」と口々に言ってくれた。ただその感想を聞いていると、自分が想定していた「between architecture and furniture」という範囲を指したものよりも、「半分完成。つまり未完成」の意味で「半建築」という言葉を捉えている人が多く、そこに「常らしさ」を感じてくれているようだということに気づいた。自分で考える自分と他人から見えている自分との間にずれがかなりあって、そこが面白くてもっと掘り下げてみたいと、再び「半建築」の本を一からつくってみたいと思ったのだ。今までやってきたこと、関心ごとを半建築という言葉にまとめるとどんな本ができるのか——そうやって考えることによって、同一著者で、同一タイトルで、内容の異なる本が出ることになったわけだ。

この本づくりもものづくりのひとつだとすると、この他律的な始まり方はまさに僕のものづくりを象徴している。何もないゼロからつくりだすよりも、普段からリノベーションなど、既にあるきっかけからものづくりをしているので、いつも何かを新しく知ることからエンジンがかかっていくのだ。別な言葉で言うと「知の更新」ということで、知らなかったことを知ることによって、デザインを通して人に伝えたくなる。それが僕のものづくりの基本となっている。これを教えてくれたのは東京藝術大学の学部二年の設計の授業を指導してくれたトム・ヘネガンだった。モノレールが上を通る芝浦運河を敷地として駅をつくるという設計課題だった。

その課題は敷地の特徴を見つけてこないと製図室にも入れてもらえず、延々と敷地にいさせられる者もいて、しまいにシュノーケリング片手にドブのような臭いのする汚い運河の中に何かがあるのではないかと潜りだす者をもいる始末。幸い、僕は潜りだす前に気づいたことがあった。ふと運河の壁に水面の線が残っているのが目に留まり、その水面がだいぶ上下していることに気づき、運河とはいえ、海に近いことから潮の満ち引きが影響していることを見つけたのだ。その結果、その潮の満ち引きを動力にしてモノレールの駅ではなく、日によって開く時間の変わる銭湯が生まれた。とにかく、その潮の満ち引きに気づいた時の興奮とそこからそれをうまく建築で表現したく、必死に設計にのめり込んだことを覚えている。これが僕の初の「知の更新」で、今もその発見を大事にして、それを実現させるためのものづくりに奮闘している。

「半建築」という言葉との出会い自体も僕にとっては大きな知の更新だったわけだが、その言葉に沿って、そうした気づきの積み重ねをこの本を書きながら頭の中で整理し、再び新たな発見をしたい。

目次

半建築 01
コンクリートジャングル

十代の中頃、従兄弟に連れて行ってもらった武蔵美生のキャンプでレゲエで踊ってから、体からあのリズムが抜けず、思い立って江戸川台駅のILOVEYOUというレンタルレコード屋に行き、さほどレゲエのレコードがない中、ボブ・マーリー、ジミー・クリフ、UB40を借りてきて聴き始めた。とはいえ、普通の中学生はボーイやレベッカ、サザン、少ませていてもデュランン・デュランやヴァン・ヘイレン、マイケル・ジャクソンぐらいなところで、「俺レゲエが好きなんだよな」と言ったところ、共感どころか「何それ？」と言われるのが関の山。なので誰にも言えずにンチャカンチャカ頭で鳴りながら隠れレゲエ信者を続けていた。

ただその中学校には、少なくとも三人隠れレゲエ信者がいたことを高校に行ってから知ることとなる。中でものちに「ダブセンスマニア」というバンドを組む原田亮太郎とは、中学ではお互いの存在は知っていたものの特に話すことなくいたのだが、江戸川台から一駅先の運河駅に引っ越した時に、たまたま亮太郎の家も引っ越していて、駅で勝ち合わせどんなきっかけだったのか話すようになった。当時流行っていたガンズの話などから始まったのだろう。我々の頃の男子高校生は自分を説明するのに好きなミュージシャンやその曲を語ることからしたもので、亮太郎とも当然ながらそこから始まって話をしていた。そんなことを何回か繰り返しているうちに、彼の家に遊びに行くことがあった。爆音でストーンズをかけ、ジャック・ダニエルを出され打ち解けた時だろうか？彼のレコードの棚からスライ&ロビーだったか、レゲエのレコードが出てきて、「あっ」となったのだった。それまで口を閉ざされていた二人のレゲエ少年は、そこから延々とレゲエについて話しだした。互いに高校で落ちこぼれだった二人は仲間を見つけて舞い上がっていたのだ。

そして二人は案の定浪人するのだが、予備校に通いながら、早々に四谷三丁目で岡田春さんとそのお母さんとでやっていたレゲエ専門のレコード屋であるサウンドターミナルを知ることになる。当時五〇〇円だったか母からもらっていたお昼代で一〇〇〜二〇〇円のフランスパン

NO NUKES いのちの祭り（六ヶ所村、一九九一年）。寝袋ひとつでどこにでも行っていた頃

を買って水道水を飲んでお腹を満たし、お金を貯めて当時二、三千円だったレコードを買い集めていた。買えない日も予備校が終わるとサウンドターミナルで落ち合い、だらだらと狭いレコード屋の中で時間を過ごし、次に買うレコードを物色しながら、レゲエのことを春さんに教えてもらっていた。きっとその中からだろうと思うのだが、いのちの祭りというイベントを知り二人は来年の夏はそれだと決めていた。なんとかそれぞれ大学に合格し、その夏が来た。一九九一年のことで、六ヶ所村で「NO NUKES いのちの祭り」が開催され、はるばるそこまで亮太郎の車に乗せてもらって行ったのだった。

行ってみると、内容は日本のヒッピーの祭りで、野外ステージからその間泊まるテントなどみんなで会場をつくるのだが、集まっているのはアイヌなどの先住民やサイケデリック、ラスタ、瞑想、自然療法などを実践してる人たちだった。そこで毎日レゲエなどの野外ライブで踊ったり、みんなでご飯を用意したりしながら過ごす素敵なところだった。今から考えると、我々は最後のヒッピームーブメントに立ち会えた世代な

北海道平取・二風谷のアイヌモシリ。こんなステージ設営などに憧れ今の道に

のかもしれない。それはもう十代後半の男の子には日々刺激的だった。まず、自分たちのテントを立て生活の拠点を決める。その夏は雨が多かった気がする。雨で濡れた木でも火をつける方法や雨が降ってもテントの床面が濡れない方法などを教わり、実践し、その内みんなでステージを建て始める。もちろん、ステージには立てない僕はステージ制作くらいしかみんなの役に立てない。でも、そんな中でいろいろな人と出会い、いろいろな技を覚え、自分が少し強くなっていく感じを覚え楽しかった。その後もボガンボスのどんとなど、憧れのお兄さんやお姉さんたちに付いてアイヌの町北海道平取の二風谷に行き、夜な夜な火を囲って彼らの音楽を聞くという素敵な経験をさせてもらった。

そんな経験をした少年は東京に戻っても頭の中はパッパラパーでなかなか真っ当な生活を送れず、自分探しで彷徨っていた。太鼓を買って練習したりもするが、とてもステージには立てないし、そもそも他人の前で演奏したいなんて思いもしなかった。だから、やはり表に立つ人間ではないのだが、その場には一緒にいたかった。それで辿り着いたのが裏方の仕事だった。ステージに立つ人たちがかっこよく見える場を時間をかけて考え、つくる、そんな裏方の仕事がしてみたいと思ったのだ。そんなことに悩んでいろいろ試している間に徐々に学校から足が遠ざかっていった。

そうこうしている内にまったく大学に行かなくなり、秋葉原にあった内装デザイン会社でアルバイトに明け暮れるようになった。その事務所が良かったのはデザインだけでなく施工もやっていたところで、主にそのお手伝いで素人なのにLGSを立て、ボードを貼り、パテを塗って塗装をするなどさせてもらって、それがすごく楽しかった。その頃、ちょうど従兄弟から勧められ、西岡常一の本を読んでいて、大工への道もひとつの選択と思っていたが、たまたまその内装デザイン会社の社長が東京藝術大学美術学部建築科の卒業生で、その人に影響を受けて美大で建築を学ぶことに憧れをもち始めたのだった。今わかるが、器用でない僕が大工の道に進まないで本当によかったと思う。

そんなことをしながらも江戸川と利根運河の合流付近、堤防に囲われた場所で亮太郎と野外ライブをやったりして自分の居場所ややりたいことを必死に探していたが、結局そのまま突き抜ける道が見つけられず、再び勉強をすることにした。当時の選択肢としては、武蔵野美術大学の空間演出デザイン学科などがその時の僕のやりたかったことにはあっていたのだろうと思う。でも、一度私立に行って一年で辞めているのに、もう一回私立で美術を学びたいと言っても、とても親父には聞いてもらえる気がせず、国立で探した結果、東京藝術大学の建築科というものを見つけたのだった。まずは建築を勉強すれば、ステージ、展示スペースなどアーティストが表現する場もデザインできると考えたのだ。そしてその時、この人たちとずっと遊んでいたらとても受からないと思って、「僕は建築を勉強するので、遊べなくなるね」と言ったら、「お前はコンクリートジャングルをつくろうと思っているのか?」と、今や誰に言われたかは忘れたけど、当時つるんでいた先輩方に言われたのだろう。その言葉が建築をつくる上での背景にあって、時に近寄ってきて耳元で囁かれ軌道修正し、自分の方向を決めているような気がする。

半建築 02
スタジオスキーマ

スキーマ処女作「KATO」納品前日（一九九八年）。堀岡と晩酌中

大学を卒業するなり就職せねばと思ったものの当時の設計事務所の徒弟制の強さに怯え、なかなか決心できずにC＋A（シーラカンスアンドアソシエイツ）、小嶋さんのもとで数か月時間稼ぎをしていたことがある。そんな時に一、二個相次いで家具をつくってほしいという相談があり、同じように決心できないまま一年を超えていた藝大の一年先輩、倉島陽一と一緒にその仕事をやり始めた。ある日、その製作のために業者と会わなくてはいけなくなり、ひとりなら個人名の名刺で良いところ、二人いるので仮でもチーム名をつけて名刺をつくるか？という話になった。倉島をバイクの後ろに乗せて六本木の青山ブックセンターに行き、何かかっこいい言葉はないかと立ち読みをしていると、スキーマ＝schemata（スキーム＝schemeの語源でゲルマン語）という言葉が目に入った。その本を買いもせずメモして帰り、早速名刺をつくって「スタジオスキーマ」と名付けたのだった。まさか二〇年以上「スキーマ」を

スタジオスキーマのメンバー、倉島洋一、長坂常、堀岡明彦（一九九八年）

使うなんて思ってもおらず、そんなふうに安易につけた名前だが、一〇年以上経った頃から外国人に読まれる機会が増えてきた。すると、どうもおかしい。彼らは「スチェマータ」とか「スキマータ」と言っている。それに向かって「スキーマだよ」とは言えないでいるが、それでも設計事務所は成立するのだ。

こうして始まったスキーマのデザイン活動だが、最初は家具の仕事はちょびちょびで、それ以外はパースを描いたり、ホームページをつくる仕事をしていた。（今となっては時効であろうか）ディズニーランドのハニーハントの鉄骨図を、アメリカから送られてきた模型を裁断してスキャンしながら描いたことを覚えている。とにかく我々が守ったのは、どんなに貧しくても外に働きに出ない、ということ。どんな仕事でも必ず自分たちの事務所でできる仕事をしようと言っていた。そして全然鳴らない電話を二人で待ち、いない間に電話が鳴ってもいけないので、必ずどちらかが事務所に残って生活していた。もちろん、そんなことしても電話は鳴らないのだが。

青木壁（二〇〇〇年）。引っ越しを経ていまだに事務所で使ってくれている

そんな毎日で心挫けそうになりながらも、救われることもある。永山祐子さんとはC＋Aのオープンデスク時代に友達になったのだが、彼女が青木淳さんの設計事務所で「L邸」というプロジェクトを担当している時に、たまに僕たちの事務所に遊びに来てくれ、その住宅の家具に関して相談をしてくれたのだ。仕事に限らず知っていることをうんと話していたら、米を寄付してくれたりして、当時貧乏の極みで日々一〇〇円マックで食いつないでいた僕にはとても助かることだった。そしてある日、青木さんが「そんなに話を聞いている人がいるなら直接僕も聞きたい」と言ってくれたのか、事務所に遊びに来てくれた。L邸の家具について、好きにデザインしていいよと言ってくれとても嬉しかったのだが、すでに祐子ちゃんがとてもいい設計をしていたので、僕たちはそのデザインを実現させることに徹底し、素材、つくり方など具体策を祐子ちゃんと一緒に考え、提案、そして自ら製作したのだった。青木さんはその完成を非常に喜んでくれた。その後青木さんは青森県立美術館のコンペで勝利し、事務所を引っ越すことになったので、新しい事務所の家具を

つくってほしいと言ってくれ、青木壁と青木棚をつくらせてもらうことになった。しかし、昔の僕はよくも「青木壁」「青木棚」なんて呼んでいたな、そして青木さんはそれをよく許してくれていたな、と今になって思う。青木さんの包容力はすごい。この時、二〇〇〇年五月だった。

一九九八年に大学を卒業してから、この青木壁、青木棚を通し、少しずつ内装設計の依頼を受けるようになった。一方、スキーマで手がけていた青山・原宿・渋谷を中心に活動するクリエーターを紹介するポータルサイト「AOHARA」が時代もあって注目を浴び、我々がオフィスを設計させていただいたesamsungが出資するスタートアップとしてそのAOHARAがスピンオフすることになり、倉島とその後三人目として加入していた堀岡明彦がスキーマから離れ、株式会社A.C.O.を設立した。その時に僕はひとりになり、その後は広告代理店の仕事など何でもやりながら、一応空間設計の仕事で生き延びていた。

二〇〇二年に「haramo cuprum」という新築、しかも一六〇〇平米を超える規模の集合住宅の設計の機会をいただいた。まだ、住宅も新築で設計していない時に本当にラッキーな話だった。さらに、それが二〇〇四年に完成すると同時に同クライアントで約一〇〇〇平米と少し小さいとはいえ、また集合住宅の新築「haramoS1」を計画させてもらった。それが竣工したのが二〇〇六年だった。一九九八年から八年で、スタッフも絶えず二、三人はいる設計事務所の体を保つようになっていた。ただ、そんな中でもその二、三人が生きていくためには相変わらず、家具、内装、新築分け隔てなく行っていないとならず、全部を同時に続けていた。セルフビルドと言われる自らインパクトドライバーを手にする仕事も時にあった。

半建築03
脱デスクトップアーキテクチャー

藝大で建築を学んでいた頃、短い鉛筆を持ってやたら上手い絵を描く中山英之、毎課題で二、三冊エスキース帳を使い切る西澤徹夫（テツヲ）など、みんな妙なプレッシャーをかけ合いながら一七人という少ない人数で毎課題ごとに戦っていた。僕はその頃模型をやたらつくっていた。決して手が器用なほうではないのできれいな模型ができるわけではないのだが、いつでも立体で考えることが大事だと思っていた。何よりも時間を忘れ、求めているフォルムを追求する過程が気持ちよかった。たいてい空が明るくなり始めてようやくヤバいとなって寝ていたように思う。

いつもその過程の中で不思議だったのが、一〇〇分の一～二〇〇分の一くらいの縮尺でいい感じにできたと思った模型でも、そっくりそのまま五〇分の一に変えてつくるといきなり空間の動きが止まる。そして、再び五〇分の一の中で格闘が始まりキリがなくなる。そんな調子なのでいつも最終模型もエスキース模型のように手垢のついた模型になる。これは今も同じだ。いつかWELCOMEの横川さんが「常さんところの模型は触りやすい、（Wonderwallの）片山さんところのはまったく隙がなく、触れないし完成模型になってるんですけどね」と、目の前の我々の模型をバリバリ壊しながら言っていたのを覚えている。僕にとっては完成模型だからといって止まったような模型を認めないことが大事だったのだ。それはもしかしたら、実作でも同じことが言えるのかもしれない。

だが、大学二年の時にアレハンドロ・ザエラ・ポロ＋ファッシド・ムサビ（ＦＯＡ）が横浜港大さん橋国際客船ターミナルのコンペに勝ち、その三次元にうねった設計を見たことで、これはコンピュータが必要だと思い、コンピュータを買いformZを使うようになった。立体的に考えるのは変わらないが、エスキースの媒体が模型から３Ｄモデリングに変わった。その経験を通して頭の中に立体グリッドが組め、座標でデザインできるようになった反面、背景のコンテクストを完全に失い、ホワイトキューブでデザインをするようになっていた。それが問題だということはその時は気づいていなかった。

そしてそのまま卒業し、事務所を開き、あらゆるプロジェクトをこなしていた頃、デスクトップ画面の中とその背後の環境に大きな開きを感じるようになった。デスクトップの設計では真っ白い背景に一つひとつ自分の意思を刻んでいくが、その白い背景と我々が普段生活するカオスに満ちた背景とに大きな矛盾を感じるのだった。

その空白と現実のカオスを重ねるためにも、なぜか路面でかつもっと人通りがあるところで設計をしないとならないと皮膚感覚で思うようになっていった。同じ頃、大阪から出てきて左官塗装という聞き慣れない分野で身を立てたいと考えていたなかむらしゅうへいくんと出会い、たまにプロジェクトを一緒にさせてもらっていた。左官塗装だけでなく、彼のデザインに対する理解とその表現力を生かしてもらうような仕事を

のちにHAPPAとなる保井ビル、改修前(二〇〇七年)。当時写真スタジオFOBOSの休憩所だった

していたのだが、彼もその力をもう少し広く理解してもらうために、アトリエ兼ショールームとして路面で仕事がしたいと考えていて、その点で意見が一致し、一緒に路面の事務所を借りようということになった。そしてせっかくならもう少し人の多い町に出ようという話になり、中目黒付近を自転車でめぐり地上階の物件を探し始めたのだ。

白地図をコピーし、そこに一つずつチェックを入れながら中目黒付近の物件をしらみ潰しに探した。現在事務所を構える北参道の物件も紹介してくれた不動産屋の木村さんに、物件情報に載っていないものまで勝手に「人が住んでいないから可能性があるんじゃないか」と、「ここって借りられないですかね?」と聞いて、それを丁寧に一つひとつ調べてもらっていた。そうしているうちに物件探しに関して不思議と鼻が利くようになってくる。そんな頃、ふと今まで何度となく前を通りながらも見えていなかった小さな不動産屋の看板が目に留まった。それまでも何回も通りかかっていたはずの駒沢通り沿いの不動産屋さんだ。入り口のガラスに貼ってあった手書きの一枚の案内。そこに載っていたのが僕た

HAPPA施工中の様子（二〇〇七年）。大工である三井さんに手伝ってもらいながらのセルフビルド

ちのシェアオフィス「HAPPA」となる保井ビルだった。中に入って聞いたら、「あら、さっき出したばっかりよ。あなた鼻が利くわね」と。

　そんな巡り合わせで得られた物件だったが、僕としゅうへいくんには広すぎて、知人から紹介されたギャラリストの青山さんにも仲間に入ってもらい三社で借りることになった。この三社はやっていることはまったく異なるが、お金があまりないのにプライドだけは高いのが唯一の共通点で、そのせいでみんなでセルフビルドを行った。そして、デザインに関してもみんなで意見し合った。その中で、HAPPAの顔であるはずの青山｜目黒ギャラリーをどう仕上げるかが問題になり、ギャラリーなので当然白壁なのかと思っていたら、青山さんに「なんで塗るの？」「一度塗り始めたらキリがないよね」と言われて塗装しないことになった。それによって、表（白）と裏（無塗装）がなくなり、それと同時に「キメ顔のない空間」が生まれた。その空間は非常に包容力があり、何をしていても意外に悪くない。だらしなく物が散らかっていても何か意味ありげに見える。その包容力に甘え、我々は好き放題やらせてもらった。

その環境だから生まれたものもたくさんある。HAPPAに移り何か展示をしたくて最初に生み出したのが、本来情報が漏れる（光が漏れる）ことなく真っ直ぐその先まで届くためにできた光ファイバーをわざと曲げることで、光を放出させ照明とするKurage。その後、偶然から誕生したFlat Table（四一頁）。そして、津軽塗からヒントを得てラーチ合板と水性塗料でつくったColoRing（四七頁）。ロイドホテルのレストラン改修のために、ウレタンスポンジとロープの縛り方でいくつかの形を生み出したSHIBARI。魅力的すぎるゆえに超えられない竹という材料と格闘の上に生み出したラバーと竹籠によるベンチ……。

HAPPAで気づかされたもうひとつの大事な点は、自分のオフィスで自ら設計し、施工までしてつくったものが公にさらされている、ということ。つまり夢（作品）と現実（生活）が一致する初めての体験で、路面空間でこれをやりたかったのではないかと、その時初めて理解したのだ。その裏と表、夢と現実が一致した時から少し我々の作品の質が変わったような気がする。それが脱デスクトップアーキテクチャーだ。

半建築 04

未完

僕が大学を卒業した頃、建築とは新築であり、今のようにインスタグラムやユーチューブなどがない時代、メディアとしては雑誌が主体で、そこに掲載される竣工写真が作品を語る上でとても大事なものだったように思う。当時は三十代建築家が注目されていて、その中で狭小住宅が若手の登竜門のようになっていた。その狭い住宅をできるだけ大きく魅力的に写真に収め、いかに雑誌社に取り上げてもらうかが、その後の仕事に大きな影響を与えるように僕からは見えていた。そして、『Pen』も『Casa Brutus』も若手建築家特集や住宅特集がとにかく人気の特集号だった気がする。その中の写真はみんな超広角で正対で撮られていて、実際以上に大きく感じられ、人も入らない整然としたものが多かった。そうやって他人事のように観察していたのは、結局僕はその頃その手の住宅を手がける機会に巡り合わなかったからだ。では、その頃何をしていたか？——もちろん、建築にも至らない、パースの仕事やウェブデザインの仕事から、時に家具や内装のお仕事をさせてもらっていた。

そんな時に、二〇〇一年頃だったか、発足したてのブルースタジオさんの仕事をお手伝いさせてもらうことがあった。そもそもブルースタジオの大島芳彦さんは、僕が藝大に入る前に美術予備校のことを相談させてもらった恩人で、その頃は武蔵野美術大学の建築学科にいて、国立のハウスと言われる米軍基地長期滞在者を対象につくられた賃貸に住んでいた。ハウスはシンプルなプランだが天井が高く、物心ついてからはアメリカに行ったこともなかった僕にとって、アメリカってこんな感じなのかなと思わせるもので、明らかに僕たちが日常見てきた家とは違っていた。そんな大学生活に憧れて藝大を目指すこととなり、建築を学ぶようになった。それからしばらく経ち、大島さんが石本建設を退社し独立してブルースタジオを立ち上げるということで話を聞いたら、なんとアパートをリノベーションするんだ！という。リノベーションという言葉すら初めて聞いた僕は、最初とても信じられなかった。お金のある人のためにデザインを提供するデザイナーズマンションはあっても、まさか我々のようなお金のない人が住む賃貸までもがデザインされたものになるなんて考えてもいなかった。でもハウスのことを思い出すと、もしかしたら大島さんの中ではあり得たのかもしれないと思った。想像もつかなかった僕は大島さんがどんなふうにやるのか知りたくて、何でもいいので手伝わせてほしいと連れ回してもらった。

その中でいくつかのお仕事にご協力させていただくことになる。アパートの賃料でデザイン分を稼ぎ出さないとならないので本当にギリギリだったようで、大島さんは設計だけでなく、その頃は給湯器具や照明器具などあらゆる器具をヤフオクなど安いサイトで買って自分で取り付けたり、これは今でも続いているが自ら賃貸募集をかけたり、何でもやっていた。僕の設計料も三〇万円とかで、それでもありがたくお仕事させてもらっていた。その少し後ぐらいだろうか、R不動産なども現れ、彼らの活動がリノベーションの先駆けとなり、デザインというもの

sumica（二〇〇二年、ブルースタジオ）

の敷居が下がり、若い人の日常の中にデザインが入っていった気がする。我々はそんなきっかけともなったブルースタジオの初期代表作である「sumica」を外注で担当させてもらった。これはもともと二、三万円でも借り手がつかなかった木賃アパートで、接道条件に合わないので建て替えすらできずに困っていたオーナーが、リノベーションという方法があるということを知って興味をもち、大島さんに問い合わせたことから始まったプロジェクトだった。今思えば、前例がないものを説得し実現に導いた大島さんもすごいのだが、不確かなものに託したオーナーさんもすごかったのだろう。それ以前本当にそんな取り組みはなかったのだから。そしていざ完成してみると、鼻の利く若者たちがどこからともなく噂を聞きつけ入居希望を出してきて一気にその枠は埋まり、何十人ものウェイティングまで出るという異例の事態が起きたのだった。当時IDEEの社長だった黒崎輝男さんが馬場正尊さんを取り込み、「Rプロジェクト」という都市再生のプロジェクトを立ち上げたのも同じ頃だったと思う。

その数年後、藝大の同級生である中山英之が岡本充男さんというファッション写真家に撮ってもらった住宅「2004」（二〇〇六年）の写真を見て「ああ、またやられた」と思った。中山は大学の頃から、みんなが「こっちだ！」と肩肘張って競い合っていると傍からスッと抜け出し、まったく異なる方向のアプローチで提案をまとめてくる。それも、我々は汗だくで製図室に泊まってお互い張り合いながら制作を続けていて、提出の日など直前まで奮闘しているのに、中山は毎回少し早い時間にクールな顔をしてやってきて、「常くん、どう？」って聞いてきやがるのだった。

でもその提案は単に奇を衒ったものかというとそうではなく、むしろ当然あり得るものなのだが、目の前で流行っているものに熱くなりすぎて気づいていなかった我々を冷静に諭してくる。この建物も決して広くはなく、いわば狭小住宅だが、それを実際以上に広くダイナミックに見せるのではなく、むしろ子どもの目線に立って小さいお家がその子に

panda（二〇〇五年）。本来求める開口部をインフィルで確保。すると躯体の開口との間にずれが生まれる

とって夢いっぱいのお城のように感じられている様を見せてくれる。そして、その目線は超広角ではなく非常にリアルで、お母さんのような優しい目線で撮られている。その写真を見た時に、今までの狭小住宅の写真が一気に古臭く見えたのだった。

時系列的な事実関係はあまりわからないが、それまでさんざん毎年のように雑誌の表紙を飾っていた若手建築家特集的なものはなくなり、ライフスタイルの中に建築がどう存在するかといった目線の写真が増え、いつの間にかその手の特集もなくなっていき、リノベーション特集などが増えていった。つまり啓蒙的な建築の教えから、一般参加型の建築の楽しみにみんなの感覚が移っていったのかもしれない。それは国内だけに限らず、『Kinfolk』や『Openhouse』などを見てもわかるように海外でもその手の雑誌が増えていった。ただ、ヨーロッパでは一方でその流れはあっても、もう一方で都市計画的な軸でスケールの大きい建築の計画は止まらず都市の成長が続いていた。それに比べると、日本では都市計画は続いていてもアトリエ系の建築家にはあまり縁がなく、我々は非

江戸川台教会（二〇〇六年）。歯科医院からのコンバージョン

常に身の丈すぎる建築をつくり続けていた。その結果の都市の強度の差のようなものが、今の東京とヨーロッパの街の風景に出ている気がする。最近オランダやデンマークに行くとそんなことを強く感じる。

話は戻るが、スキーマではブルースタジオの仕事の後、不動産会社のUDSの前身である都市デザインシステムが初めて一棟丸ごとリノベーションをした桜アパートメント内の一室を担当した「panda」（二〇〇五年、その後リビタというリノベーションに特化した子会社に引き継がれている）、そして二〇〇六年の「江戸川台教会」を手がけた。どれもリノベーションという言葉を意識し、既存をきっかけにどのようにアップデートさせるかを考えてデザインしていた。しかし、やはりこの頃まではできたら新築にしたいと思いながら設計していたような気がする。そして、他人がデザインしたものを改修させてもらっているにもかかわらず、我々のデザインにはその後手が入ることはなく、この先そのままあり続ける前提で計画していた。そのひとつ、江戸川台教会が最近解体

サッシがない頃のHAPPA（二〇〇七年五月）

HAPPAのサッシ工事（二〇〇七年六月）

された。

江戸川台教会竣工の翌年、二〇〇七年四月に中目黒は駒沢通り沿いにある元運送屋の駐車場兼オフィス一階に引っ越し、ギャラリーの青山さんと特殊塗装のなかむらしゅうへいくんとシェアしてHAPPAと名づけた。いつものことだが、お金がないのでセルフビルドの設計施工でつくりあげた。ちょうど引っ越した時が季節もよく、一か月間シャッターだけ、全面サッシなし、日中開けっぴろげでオープンオフィスとして使っていた。すると急な坂を自転車で登ってきた人の休憩場所になったり、酔っ払って彷徨い込んでくる人がいたり、デートの待ち合わせ場所になったり、街の一部になってなかなか愉快だった。さすがに梅雨に入ると埃や湿気、そして騒音が気になりだし、ついに諦めてサッシを付けた。当然だが快適だった。が、そこもお金がないので、水平垂直に組んだサッシは歪んだ躯体に沿っておらず、至るところに隙間ができ、台風の時など大騒ぎで、最初は徹夜して破壊されないか見張っていた。その後、東日本大震災も経験するが、このサッシ自体軟性でやわらかくしなりながら外的衝撃を受け流すのだった（笑）。が、隙間はやはり防ぎようがなく、冬は寒い断熱環境にさらに隙間風で劣悪だった。そこで防ぐ方法を考え、真ん中の柱の両脇をファスナー付きの養生シートで覆い、「社会の窓」と名付けたのだった。

ちょうどその頃、坪五〇万円代でつくった「haramoS1」を見てユナイテッド不動産の中村社長が事務所にお越しになった。その時、「建築家の先生たちはずるいですね。他所の家はお金をかけてきれいに他所ゆきにつくるけど、自分のところは安くかっこよく仕上げますよね。他所でもこんな感じにできないんですか？」と言われ、「え、そりゃあできるよなぁ？」と、当時あまりプロジェクトもなかった我々はまんまとひっかかり、中村社長のもってきた「Sayama Flat」のリノベーションを手がけることになった。

既存の建物はどこにでもある和洋折衷の部屋で、それを解体し引き算するだけで、一切足さずに構成し直したプロジェクトだった。設計自体

Sayama Flat（二〇〇八年）。押し入れと襖を取り外し、キッチンの背面壁を撤去

もデスクトップで行うのではなく、現地に乗り込み、その場で解体しながら既存図に赤ペンでメモを入れながら計画し、同時に部分的にはセルフビルドで、デザインが決まったら施工者に任せて工事を行っていった。こうして一部屋一〇〇万円の工事費、三〇万円の設計料で改修をしたSayama Flat が完成した。要素を間引くことで構成しているので、スタート時点でも不足が多く、賃貸でありながら塗装したり簡単な壁を立てたりするのはアリということになっていた。

　引渡し後に実際に住んで使われている様子を見せてもらう機会があったのだが、住み手の人たちがいろいろと手をつけているのを見て「いいな」と感じたことが自分にとって新鮮な驚きだった。今までそんなことを思ったことはなく、中村社長が訪ねてくるきっかけとなったharamoS1 も賃貸ながら少し手を入れられるきっかけをつくったプロジェクトではあったものの、その時は手を加えられたものを見て、ただ干してある洗濯物ですら受け付けられなかった。それなのに、このSayama Flat ではなぜか全然いいなと思えたのだった。そう感じた時、

Sayama Flat は初のエポキシ利用案件でもある。このテーブルが HAPPA に運ばれ Flat Table 第一号となる

そのように思えることの方が僕は幸せだなぁと気づいて、今後はそんな建築をつくりたいと考えるようになった。それは住宅に限らず、今までは洋服屋などでも商品が入ると想像と異なりがっかりして、写真を撮る時も数を間引いてできるだけスッキリした状態を装って撮影してもらっていた。いわゆる他所ゆきだったのだ。そうではなく、モノも人も入ってこそいいなと思える空間を、どの分野においてもつくれたらと思ったのだ。それに気づいた時、今までデザインや建築には正解があり、それをトレンドから読み取るものと思って足掻いていた自分から解放されたのだと思う。もちろん、キッパリこの時点で変わったという日があるわけではないが、この頃そんなふうにゆるやかに価値観が変わっていった。

同時に、それまでいつか新築を設計するための足がかりとしてリノベーションを見ていた視点から、新築もリノベーションもあまり変わりなく、ひとつの建物が生き抜く過程でどこに寄り添うのかの違いで、これまで新築時に描いていた動かない完成像なんてないんだと思うようになった。新築もいずれ誰かによって変えられるし、リノベーションは誰か先人の後を担って変化を与え、それですらその後誰かによって変化させられる。建築はそんなものなんだと思った時、だいぶ楽になり、新築じゃないととか、リノベーションじゃなきゃという縛りがなくなり、いずれもひとつの選択肢になったのだった。つまり、建築はずっと未完なのだ。

Flat Table の偶然すぎる誕生

HAPPAに引っ越したのが二〇〇七年四月、その月は前の下馬のオフィスで仕事をしながら、必要に応じてHAPPAに行き工事をしていた。五月にまず最低限の居場所を確保でき、用を足したり仕事をしたりできる環境になってHAPPAに引っ越した。ゴールデンウィーク明けの頃で、工事が終わったとはいえその状態が完成というわけではなく、ファサードはシャッターのみで、いずれはお金をかけてサッシを付けないとならないことはわかっているものの、立て続けの出費から一時逃れたいのもあって、小休止的に五月中はオープンエアで過ごしたことがあった。とても清々しいし、いろいろな人たちがオフィス内に入ってきてカオスな感じを楽しんでいたのだが、ひと月もしないうちに梅雨が始まり、埃に湿気というのに耐えられなくなってきた。ご近所でもある金物加工屋のスーパーロボットに協力してもらいサッシができたのだが、少しケチったばかりに曲がった躯体にサッシが馴染まず、四方に隙間ができた。その隙間の底辺にアクリルを使ったミニ美術館をつくろうという話にしゅうへいくんとなって、アクリル樹脂を取り寄せてもらったつもりが、実はそれがエポキシ樹脂で、しかも型枠に収まらず床に溢れ出て半径一メートルくらいの薄い塗膜の張られた床ができた。

ちょうどその頃、Sayama Flat で床が剥き出しなものだから音が気になると不動産屋のスタッフから言われていた。その対策としてこのエポキシ樹脂を床に薄く塗り重ねることで、いくらか緩衝材になるのではないかと思いつき、数部屋にエポキシを塗布することになった。実際に緩衝材としての効果があったかは怪しいが、そこに言及されないほど、薄い水盤のように艶のある見た目は新鮮で（三九頁）、施主にも文句は言わせなかった。

そうこうしているうちに恵比寿の書店「NADiff a/p/a/r/t」を設計させていただく機会をもらったのだが、その物件の床に最大五〇ミリくら

NADiff a/p/a/r/t（二〇〇八年）。エポキシの床

い高低差があってそのままでは本屋にならずフラットにする必要があった。Sayama Flat でエポキシで床を仕上げるときれいだということがわかっていたので、クリアのエポキシを使うことを提案すると、当時社長だった芦野さんから「ただの透明じゃつまらない、もっとモヤモヤしたような模様がかった床がいい」と言われ、エポキシに色を混ぜることを考え、その時は松煙という黒い粉を混ぜたのだった。きっと、高低差で色の濃淡も変わってモヤモヤした感じが表現されるのではないかと予想したのだ。実際にできてみるとその通り、高低差に合わせグラデーショナルに色の濃淡が変化する床ができた。

その結果に味をしめたしゅうへいくんと僕は、たまたま Sayama Flat から持ち帰った古材の天板で、いい味わいなのだがねじ曲がっていてその上では絵も描けないというものがあったので、エポキシを流してフラットにすることにし、さらに NADiff と同じように色を混ぜてつくることにした。色はピンク。これが「Flat Table」の一作目となった。Flat Table はベースの表面の凹凸から樹脂の深さに変化が生まれ、色の

Flat Table 第一号
（二〇〇八年）

濃淡が生まれ、その濃淡の上に先のSayama Flatのエポキシ床のような艶が広がり、宝石を見るような美しさがある。それを展示するでもなく置いていたのだが、その時HAPPAでやっていた「PACO展」を見に来てくれていたWELCOMEの横川さんの目に留まって、すぐにCIBONEの店頭で展示してもらえることになった。同時にそのワンオフのFlat Tableだけでは、在庫、商品価格ともに不安定な商品になるので、もっと安定したプロダクトができないものかと相談された。その後、角材に一ミリ単位の段差をつけて組み合わせ板材をつくり、そこにエポキシ樹脂を流し込んでボーダー状に色の濃淡を出す「Flat Table rafterd」が生まれた。それは東京デザインウィーク期間中にCIBONEで展示されたのだが、当時ストックホルムに住んでいた横山いくこさんがそれをたまたま見てくれていた。これまた偶然にも、当時進行中だった「代官山LLOVE」の企画のミーティングで僕が泊まっていたアムステルダムのロイドホテルで、そのいくこさんとかち合わせ、「日本人ですか？」という話から時間も空けずにFlat Tableの話になったのが運の尽き、ミラノのロザンナ・オルランディを紹介され、翌年のミラノサローネで展示する機会につながる、という怒濤の流れとなったのだった。
サローネに向けたFlat Tableの新作には、「浮造り」という木材の仕上げを使うことにした。浮造りとは、木の表面をこすってやわらかい部分を磨くことで木目を浮かび上がらせる加工法なのだが、その木目に沿った凹凸に色を混ぜたエポキシを流し込むことで、木目模様の奥行きがあるグラデーションが生まれる。この「UDUKURI」の原型を東京でつくり、ルイジアナ美術館での展示でデンマークに行くついでに、それを持ってミラノに寄ってオルランディに見てもらうことになった。感触はよく、ここで展示するならもっと大きいものをつくれと言われ、舞い上がってホテルに帰る。が、翌日ホテルのフロントで朝いちに「お前、日本人だろ？　日本が大変なことになってるぞ！」と言われた、そうまさに二〇一一年三月一一日だったのだ。日本にも帰れる状態ではなく、そこからオランダに行くのだが、一か月後に迫っているサローネの展示に向けて大きなFlat Tableをどこで誰がつくればいいのか？　もちろん、今から日本でつくっていてはとても間に合わせられない。そこにちょうど、日本での原型づくりを担当してくれていたオランダ人インターンのルークが、原発事故の影響を心配して大阪経由でオランダに帰ると言う。そこで急遽アイントホーヘンで彼と彼の友達につくってもらうことにしたのだった。それでも展示までおそらく二週間もなかったのではないだろうか？

東京に戻りWhatsAppでルークたちとやり取りしながら、サローネ版Flat Tableができてきたのだが、時間がなくエポキシが乾く前にトラックに乗せなくてはならなくなり、アイントホーヘンから陸路でミラノに運ぶことになった。当然乾いていないので、車の中で揺れながら固まり、波打ったFlat Tableができたのだった。ただ、いまだに僕らの中で語り継がれるpigment Xという緑ともブルーとも言えない美しい色合いと、あり得ないスケジュールの中完成させた事実に、その施工精度はどうでもよく満足していた。そして精度の悪さにもかかわらず、家具ブランドEstablished & Sonsのセバスチャン・ロングがコンセプト

Artek から製品化された
ColoRing（二〇一九年）

を読み取り、それを商品化しようと言ってくれたのは感動的だった。こうして偶然に偶然が重なりながら、僕のミラノでの活動は始まったのだ。

そんな夢のような体験を通し、ミラノサローネでの活動の面白さに取り憑かれ、毎年のように行くことになるのだが、ミラノのトレンドは早く、翌年はまだなんとか Flat Table で展示できていたが、新作を持っていかないと次はないなと思って秋口からそわそわしだし、何か新しいアイデアを生まないとと焦り始めるようになった。二〇一三年にサローネで発表した「ColoRing」のきっかけはその前年にあった。21_21 DESIGN SIGHT で開催された「テマヒマ展」という東北の手仕事を紹介する展示の中で、Flat Table のように凹凸を色に置き換える津軽塗の仕事を見る機会があったのだ。その美しさに魅了され、東京でワークショップがあると聞いて体験することになった。そこで津軽塗の原理を知り、その優れたアイデアを現代風にアレンジすることを考え、浮造りで凹凸をつくった上で、色を漆ではなく水性塗料で三色重ね、木目に沿った色パタンをつくることを思いついたのだ。ただ、これは手間の割に仕上がりがそこまで高級に見えないことから、なかなかアートピースの領域を超えず長らく放置されていたのだが、それをArtekの社長のマリアンヌがずっと覚えていてあるとき声をかけてくれ、六年越しに進化し二〇一九年に製品化された。

最近、会津で漆などの伝統工芸を現代のプロダクトに使用し販売する関美工堂が旧工場を移転し、地域の伝統工芸の発信拠点をつくろうとしていて、そのプロジェクトに設計から関わっている。その中で漆のFlat Tableのデザインまで担当させていただき、商品化させようと奮闘している。「テマヒマ展」で見たあの漆にその後なかなか巡り合う機会がなかったのだが、今回のチャンスに自分たちでつくりたいと考え目下製作中だ。漆の透明感は非常に微細な差で出てくるもののようで、厚みの差というよりも力の入れ具合、凹凸具合で変化する。この本が出ている頃には何らかの形でお披露目していると思うが、どんなことになるやら。楽しみだ。

半建築05
抜き差しなる関係

「抜き差しならない」とは、緊張状態により刀を抜くことも差し戻すこともできない状態を指すが、モダニズム建築の削ぎ落とされ、これ以上要素を足しても引いてもならない完璧な構成を見た時に、その言葉を使いたくなる。すごく美しいのだが、一方異物を一切受け入れそうにないその完璧な顔は、プロダクトであれば必要に応じてしまえばいいが、建築の場合、そんな取捨選択はできず、あらゆる日常が内外ともにへばりついてくる。そんなものに抜き差しならない構成は合わないと思うようになり、では「抜き差しなる関係」というものが考えられないだろうかと、興味をもち始めた。実際にはモダニズム建築でも完璧なキメ顔ばかりではない。たとえばその最たるものと目されるバルセロナ・パビリオン。かつて訪れた際たまたま清掃中で掃除道具が置かれていたのだが、

奥沢の家(二〇〇九年)。夜になると屋根の小屋組が見えてくる

その異物が水平垂直の均整の取れた構成を背景に妙に馴染み、さもアート作品かのような顔をして取り込まれマッチしていた。それを見た時、モダニズム建築の中にも包容力の高い抜き差しなる関係を生み出せる空間があるのだとあらためて認識したことがあった。

こうした抜き差しなるデザインへの関心は、Sayama Flatで抜いても差しても、住み手が手を加えていっても許容されるという自由の居心地の良さを味わったところから始まっている。そしてその後、僕が「スネ夫の家」と呼んだ新興の富裕層住宅のリノベーション「奥沢の家」で、構成という点でどうにもならないものを「カッコよくしてください」と施主の佐藤仁に言われたことを通して、抜き差しなる関係についての考えは深まっていった。

奥沢の家はまあまあ大きな家だが、木造なのにレンガ調のタイルが外壁に貼られ、木造なのに大きな無柱空間をつくるために鉄骨を仕込んだ上にそれが天井で隠されており、僕にとっては許し難いデザインが既存建築なのだが、その許し難いカッコ悪さに昭和のノスタルジーが感じら

函館の街にみられる
「抜き差しなるデザイン」の建物たち

れなくもなかった。その恥部をその空間に身を置く人にどのように感じ取ってもらうかを考えたプロジェクトで、半ばボケとツッコミ、それによって「抜き差しなる関係」をつくったのだ。

こうしてできた空間はキメ顔がなく、意外とどこでも居心地が良い。そんな空間を「キメ顔のない空間」と呼んでおり、それはHAPPAなどでも同じで、展示をしていても、セールをやっていても、ミーティングをしていても、そしてどちらを向いていても、そう悪くない感じ。それが大事だと思っている。

最近、とあるプロジェクトで函館に行っているのだが、あの街はなんだか面白い。「抜き差しなる関係」が街全体で自然発生的にできている。西部地区の山手付近には変だけれども愛らしい和洋折衷建築が建ち並ぶ。一階が和で二階が洋、つまり、遠くから見ると洋で足元に来ると和になる。それだけ聞くとアミューズメントパークのようだが、実際に近くで見てみると本気でつくっているし、とても居心地が良い。それによって、周りのつまらん家も変に装飾的な家も全部つなぎとめられ、一定の統一感が生まれている。そして、それがいい具合に街を歩く人を陽気にしてくれる。コロナ禍ということもあるからか、先日訪れた時も日中なのに人があまり歩いておらず、さらに肌寒いので下手したら気持ちも寂しくなりそうなのだが、この街並みの中にいるとどこか明るい気持ちになってくる。

この山手地域の雰囲気に端を発しているのか、中心市街地の方に行ってもなんだか建物がおかしい。一見普通の建物に、突如この地域独特の煙突や風除室が取ってつけたようについていて、ユニークではあるが全体の景観としては外していない。どうしてこんなことが起こるのか？彼らは自覚的なのか？本当に不思議だ。誰かひとりの建築家の仕業ならわかるが、街全体で、かつ時代もさまざまなので、明らかに示し合わせているわけではない。港町という多様な文化の交流が盛んな場所で、歴史とともに築かれてきた民度なのかもしれない。この追跡はまだしばらく続く。

HANARE（二〇一一年）

話は二〇一一年に戻るが、スキーマにとって初の新築住宅とも言える「HANARE」が竣工した。二〇〇八年にSayama Flat、二〇〇九年に奥沢の家ができ、リノベーションとして作品と呼べる初めての建築と言ってくれる人もいて嬉しかったのだが、一方「でも、新築ではSayama Flatのような優れた作品と呼べるものはできないんじゃないの？」と意地悪を言う人もいて、僕自身もそこに意地を張るつもりはなく、自分でもそんなふうに思っている部分もあった。

そんなある日、今まで薬局やIT会社のオフィスなど、家業に関わる空間のお手伝いをしていた水野さんから連絡があり、「千葉に山を買ったので、安く掘立て小屋みたいなものをつくろうと思うんだけど、手伝ってほしいから一緒に行かない？」と声をかけられた。小屋だろうが何だろうが新築には変わりない、きっと水野さんの掘立て小屋は小屋じゃないと思って勇んで敷地を見に行ったことを覚えている。水野さんは大学卒業後一年も経たない頃に出会い、最初にオフィスを設計させてもらい、

HANARE の工事はまず斜面での工事用動線づくりから始まった

そこから約一〇年以上、定期的に仕事を依頼し、初期スキーマを支えてくれた大事なクライアントで、その水野さんの物件、しかも新築となれば「いよいよ」と気合いも入るもの。打倒 Sayama Flat とばかりに自らにプレッシャーをふっかけていた。

敷地に行ってみると、水道もなければ、電気も通っていない。当然浄化槽もない。敷地に入るのには用水路を越えないと入れない。こんなところに建築が建つのか?というところだった。迷い込んできた他人に覗き込まれたくないという要望から、できるだけ上部に建築したいということになったのだが、この山がなかなか険しく、工事車両が上がるのも大変。結果的に等高線に沿いながら幅四メートルの工事用のアクセス道をつくった。スキーでも自分の実力以上の険しい山を滑ろうとすると、ずっと等高線に沿って滑り降り、これ以上はヤバいというところで急回転すると思うが、同じようにちょうどいいところに切り返しポイントがあって、そこで切り替え、再び等高線沿いに上がるのだ。その道が上がる途中で南と西に分かれるところがあって、その角を境にL型の建物を建てることにした。奥行き四メートルの通りのちょうど上に建てることになるが、そのまま地面に建ててしまうと背面に大きな崖が迫って来てどこか恐怖を感じる上、車をUターンさせる場所をつくる必要もあったため、建物を約三メートル持ち上げ、下をピロティとして使うように計画した。

水野さんとの関係はだいぶ長いこともあり、いつもなら「もっと設計料取った方がいいよ」とか「そんなんでやっていける?」と言ってくれるようなありがたいクライアントで、それまではとても優しかったのに、その水野さんがなぜかこの時ばかりは非常に厳しく、この険しい山を見ながら二、三千万円くらいかなぁと、「ほんとかよ!」と思うようなことを言っていた。水野さんはこれまでに二、三戸新築を手がけていて、家を建てることをだいぶ熟知していて、そろそろ先生にお願いする建築より、自分でコントロールの利く建築をつくりたいと思っていたようだ。なので、最初からキメキメの建築ではなく、竣工後も自分で好きに弄れる建築をつくりたいということだった。その上、徹底的に予算を抑えた

HANARE のピロティ。すべてのインフラが軒裏に集中

いことも重なって工務店に支払うのではなく、全部の職人、材料への支払いに関わり、自分も内容を詳細に把握して楽しみたいということになり、分離発注形式でこの建築が建てられることになった。

工事は木を切り山を切り出すところから、道をつくり擁壁をつくり、基礎を打つところまで一つひとつ業者を決め指示を出して行った。コスト減のため、先入観にとらわれず、必要／不必要を徹底的に突き詰め、仕様を決めていく。もちろん、それは屋根に至るまで続いた。ただ、我々は工務店ではないから、工程の管理など十分にできない。したがって行って来いのあるような複雑な工程は難しく、基本的に下から上、外から中というワンウェイの工程を想定し建築をデザインした。その結果、給排水などの設備工事は仕上がった床に直接穴を開けて下におろしピロティの天井に這わせて配管し、電気工事はいつでも自由に配線を触れるように天井にラックを張り剥き出しの配線工事を行うことになった。それだけシンプルな工事を計画したことで、出来上がったものを見れば、何かプラン変更をしたくなった時に容易に想像ができる空間が生まれた。

業者を見つけてくるところから、工事の段取り、材料発注に至るまで、あらゆることを行い、設計というよりも「家づくり」を水野さんと一緒にやったのだった。水野さんは手厳しく、天井をきれいに仕上げツルッとさせようとしていると、「天井は弄るからそのまま剥き出しにして」。また、躯体が水平垂直にできていることからテーブルも四角いものをつくろうとすると、角張ったものは嫌だと言われ、曲線のカウンターができたりした。こうやって無茶を言われることで、いつの間にか「新築でも何かしないとならない」なんて気負いがなくなり必死に水野さんと戦っていたように思う。その頃、僕が背負っていたのは、あれだけSayama Flatでモダニズムを否定していたのに、やはりモダニズムだったのかもしれない。ここがこうだったらこちらはこうでしょ、というように構成し、統一を図ろうとすると、水野さんは全部目の前で裏切ってくる。そこで我々は何とでも差し替えの効く「抜き差しなる関係」をデザインの屋台骨にすることにしたのだ。一見必要以上に飛び出す屋根の庇、L型の建物に、曲線のテーブル天板、さらに丸太の柱、そして大理石の床に剥き出しの天井と、てんでバラバラだが、どこかバランスが取れ居心地が良い。何を入れてもいいような抜き差しなる関係が築かれている。また我々が自分たちで管理できる範囲で施工の段取りを考えてつくっているので、素人でもこの建物がどうなっているかという仕組みが手に取るようにわかる。そんなつくりになった。

半建築 06
建築と家具の間：インターフェース
MAKE HOUSE 展

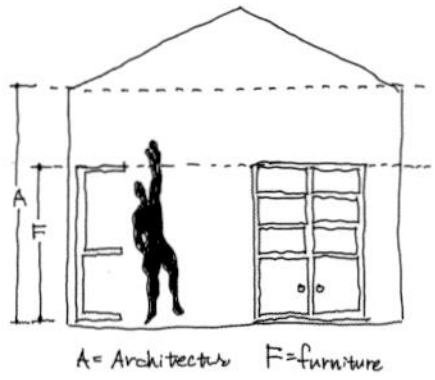

「建築と家具の間」を示したコンセプトスケッチ

通常家具は人ひとりか二人で持てるし、大きさもだいたい手の届く範囲でできている。でも、建築にはそれらを並べても息が詰まらない広さがあり、家具や建具を室内で持って運べる余裕がある。建築は人の手が届かない、重機を必要とする大きさで構成されているのだ。つまり、建築と家具の寸法には差があって、そこをコントロールできたらＤＩＹもよりダイナミックになってくる上に、空間にも大きな影響を与える。HANAREで新築も完成がゴールではないことを学び、変化し続ける住空間ということを考え始めたが、そんな矢先に「MAKE HOUSE展」（二〇一四年）という共同展に参加させてもらう機会があった。これは無印良品の家にも採用されているＳＥ構法を開発したＮＣＮが、木造の家の

cafe/day（二〇一五年）で使用した木製アングル

新しいつくり方を「木材のパーツ化」から考えるというテーマの展覧会で、七人の建築家がアイデアを提案するものだった。僕たちが考えたのは「自分でつくる家」。それはSE構法を用いた屋根がついて、床は土間、全面アルミサッシ張りの壁面をもち、必要最低限のトイレ、風呂、キッチンなどの水回りがある平屋で、住み手が自由に間取りをつくることができる。そこで住み手がつくることを想定すると、「建築と家具の間」の距離をコントロールできることが重要になるため、それがしやすい構造材を探求することになった。その結果、木製アングルというものを思いつき、実際にそれをつくって、既製家具などと組み合わせインフィルを構成していくことを考えたのだ。これではまだまだ住み手の腕力がだいぶ必要だとの指摘を多く受けながらも、実際に腕力のあるアーティストの自宅兼アトリエとして実現するはずだったのだが、土地のトラブルがあっていまだ実現していない。ただ、この木製アングル自体は「cafe/day」や「TODAY'S SPECIAL」などで試す機会を得た。木製アングル自体、単品生産だと価格が高いということで伸び悩んでいるが、是非、

パリの街のアクティビティ

セーヌ河畔でくつろぐ人々。ちょっとした家具やステージ、パラソルを出しライブカフェをつくる

我こそはというメーカーが出てくることを期待している。

その後、家具と建築の間に家具とも建築とも違うものがあること、その存在を初めて意識させられたのはパリでの経験からであった。二〇一七年から二〇一八年にかけて、パリでプロジェクトを抱えており頻繁に通っていたのだが、ある時、パリは歴史的建造物が多くルールだらけで、外観はほとんど変えられないし改装ひとつまともにできないところなのに、なぜこんなに街の表情が豊かで楽しいんだろうと考えたことがあった。特に夏は街にいる人がみんな幸せそうで、それを見ているだけでつい自分もニコニコしてしまう。それぞれ思い思いに歌ったり、踊ったり、会話したり、ワインを飲んだり、鬼ごっこをしたり、ぼーっとしたり、スポーツをしたり、とにかく豊かなアクティビティで街が溢れかえっている。まるで街が遊園地。それらの光景を見て、どうしてこんなことが起きているんだろうと気になって観察していると、もちろん人自体の違

セーヌ川沿いに出店される古本屋（ブッキニスト）。堤防に引っ掛けるだけでお店ができる

いもあるが、街のつくり方にも影響されていることがわかった。これはよく言われることだが、ヨーロッパには何も目的のない広場がいろいろなところにあり、広場の文化と呼ばれる。日本はそれに対して道の文化と言われるが、やはり道というだけあってもともと通路としての機能があり、戦後自動車が大量に走るようになって、より人が目的なくいられる場所が減ってきたのではないだろうか。特に昔のままの街のかたちが残る京都に行くと鴨川と神社仏閣くらいしか居場所がない。あっても、最近は規制が増えなかなか自由に飲み食いすらできない。火を使ってはならず、かつゴミ箱すらなくなると当然難しく、静かに黄昏る場所になってしまっている。結果的に建物の中に逃げ込むしかなく、課金制の世界に取り込まれる。逃げ込んで得ようとするニーズは大抵がローコストのもので、それに影響を受け建物が中から陳腐化する。また、そのニーズに応えられないとより効率を求め、内装にとどまらず、建物自体を壊しスクラップアンドビルドが繰り返され、歴史的景観が崩されていく。そんなふうにつくられた街は、やはり効率を求めるからアトラクション化

パリのマルシェ。地面に開いた穴にポールを立てる仕組み

し、消費者を受け身にさせる。

　では、パリの人が目的のない広場とその活動的な人格だけで先のような賑わいをつくれているかというと、それだけでもなく、パリの広場では規制もあるのかもしれないが、むしろ賑わいを加速する装置が仕込まれている。僕が見つけたのが我々の言うところのインターフェースという仕組みで、あらかじめ床に穴を開けておき、ポールを立てやすくし、マルシェを短時間で組み上げ、短時間でバラすポールシステムにより、午前中はマルシェで賑わった場所に、午後になると車が走り街の表情が一変する。ハンドリフターで動く植栽、ベンチ、仮設トイレ、ガードレール、信号、スケボーランプなど、マップを簡単に塗り替える仕組みがまた別にある。そして何より、カフェのテラス席がパリの街の賑わいを演出しているのだが、あれは勝手に染み出し、歩道を占拠しているのではなく、税金と引き換えに歩道の一部をカフェに貸し出す仕組みなのだ。その間も建築は微動だにせずにその背景にどっしりといる。そして、その前では豊かな人間の営みがある。

パリの広場のひとつ、リパブリック。時によりライブ会場やスケートボード場、野外ライブラリーに

日本人は順応性が高いので、規制をかけると反発せず、そこに適用する。なので、公共としても楽で問題があると規制をかけていく。特に地下鉄サリン事件以降、日本でも複雑な事件が多く起こり、そのたびに規制は強化される。ただ、それが一時的なものであればいいのだが、固定化し、少しずつ助長されていく。具体的にはたとえばゴミ箱だ。昔はどこの駅、公園、歩道でもあらゆるところにあり、それに合わせ当然コンビニなどお店にもあった。ただ、サリン事件以降、徐々に街から姿を消していった。今回のコロナも同様で海外で見る状況に比べ確実にしつこく規制が残っている。いずれマスクをかける人が減っても、きっとデンマークのように規制撤廃を宣言することはなく、徐々に他人の顔色を伺いながら減っていくのだろう。結果なくなれば同じじゃないか？と思うかもしれないが、そのマスク規制と道連れに、何か別のあるべき自由をなくしていないかが心配である。そして、宣言するということはある時点を境に規制がなくなるだけではなく、次のステージ、何が大事かを強く示すことで、その方針に基づいて自分の行動を考えるきっかけになる。

本来、政策とはそのように国民の生活が豊かになるようにポジティブにディレクションを立てていくことであり、決して規制をかけることではない。そろそろ日本もその意識を変えないと適応力の高さが間違った方向にみんなを導き、息苦しさに耐えられなくなるのではないだろうか。

そんなことを考えていた頃、ちょうど京都市立芸術大学移転のプロポーザルに、平田晃久、赤松佳珠子、槻橋修と合同で参加する機会があった。当初の設計案では求められている用途の希望面積分すべてを収めきることができず、同じ場所で家具を動かし、用途を兼ねることで面積の不足を補うことを考え、建築未満の部分の計画をスキーマが担当することになったのだった。その時に校内の活動を活発にする必要があって、パリで学んだハンドリフターで動く書庫をつくったり、ポールシステムで簡単に仮設壁をつくり、時に図書室、時にギャラリーとなるような計画を提案したのだが、その仕組みを見て平田さんが「建築において人の

京都市立芸術大学移転プロポーザル

初めてインターフェースを取り入れたプロポーザル案

活動を豊かにするインターフェース」と名付け、そのままいつの間にか「インターフェース」の名で我々も呼ぶようになった。今あらためてその名前を変え、心機一転するとしたら、もしかしたら「半建築」なのかななどと思っている。

HAY

このインターフェースシステムは京都市立芸大ではプロポーザルが二位に終わり実現しなかったが、その後思いがけず実現する機会が東京で訪れた。デンマークのインテリアブランド「HAY」の国内初となるショップ「HAY TOKYO」で、何があったか知らないが急遽我々の元に相談がきた時のことだ。今も忘れはしない、この企画を手がけるWELCOMEの横川さんからお盆前に急に連絡があって、わけもわからず話を聞いていると、なんと一〇月のデザインウィークまでにオープンさせたいという。流石に二か月は無茶な話で、普通なら笑って断るところだが、なぜか不意に頭をよぎったのが京都市立芸大で実現できなかっ

HAY TOKYO（二〇一八年）。一二〇〇ピッチに穴を開けたレースウェイを同ピッチに並べ、どこにでもポールが立てられる

たインターフェースシステムを利用することだった。それを使えば、まずは展示で始まり、その後少しずつ時間をかけてお店にしていけばいいということで、ポールシステムとハンドリフターシステムを取り入れた。ただ結局、少しスカスカではあるものの最初からお店にさせられたのだが（笑）。

その後、少しずつ密度を上げていき、CIBONEなども加わり、今のCONNECTになって、日々展示物と連動し、動いている。インターネットで変化に慣れている消費者を対象にした時、お店に変化がないのは退屈であり、これからのお店はこのように日々動いていくものになる。そして、記録も絶えず変化し、動画や複数の画像が残される。つまり、昔のように一人称で空間がつくられる時代は終わり、常に変化し、顔のないお店が今後の特徴になっていくのではないかと考えている。

武蔵野美術大学16号館

そんなお店を見て、武蔵野美術大学工芸工業デザイン学科の山中一宏先生が「今度校舎をつくるんですが、一緒に計画してもらえませんか？」と電話をくれた。なんだかとても嬉しかった。自分が学んだ環境と同じ美術大学を計画できるからだろうか。それは再配置棟といって、本設校舎を順番に改修、建て替えするために、一時的に逃げるための校舎で、ローコストなのだが、そんなことはまったく関係ない。昔から、美術館を設計することにはあまり興味がないが、作品のプロセスが見えてくる場所づくりにこそ興味があって、京都市立芸大のプロポーザルに参加したのもそんなことがきっかけだった。そして、同時に二〇歳そこそこの自分を強く意識した。お前だったらどんな校舎がいいか？　いちいちデザインをちらつかせ、鼻につくようなことするなよ。そして、新築独特の薄っぺらい光沢の上には作品が置けないからな。俺は俺の作品が一番なんだから余計なことするなよ、と。

そこで我々が考えたのは、将来の創造に余地を残す未完成の校舎で、まさに半建築だった。具体的には間仕切り壁をプラスターボード生地の

武蔵野美術大学16号館(二〇二〇年)。プラスターボードの間仕切り壁をついに学生が塗り出した瞬間

武蔵野美術大学16号館、遊びもサポート

ままとし、その境目をパテで埋めいつでも学生が自分たちで色を塗れるように計画した。そしてその上には、色を塗られサインが消されても再度サインを上から施せるように、長嶋りかこさんにハンコ式のサインをデザインしてもらった。また、サッシなどの鉄部も錆止め塗装のままで、必要に応じて自分たちで上塗りができるようにした。

さらに、内装はHAYと同じくポールシステムとハンドリフターシステムを利用し、その時のニーズに応じて壁や収納を簡単に動かすことができるようになっており、展示場所が時に制作場所になったり、講演会場になったり、時にはバドミントンコートにもなり得る。そしてアトリエとしても、これまで個人が自由にコントロールできる場所は作業台だったが、そこから少し広げた空間単位にし、一歩距離をおいて作品を客観的な目線で見られるようにした。こんな自分でつくる校舎だが、我々もひとつ失敗をしたことがある。それはプラスターボード上のパテ部分で、仕上げのように水平垂直のとれたきれいなパテを塗ってしまい、学生に好きに塗り、使い倒してもらう校舎のつもりが、下手に緊張させ、しばらくの間、壁にまったく触れてもらえなかったのだ。でも、そんなことをいつまでも気にしないのが学生。一年くらいで見慣れ、今やところどころ壁は塗られ、いい感じに汚れていっている。

半建築 07

建築と家具の間：家具から建築まで

たとえば、この場をコミュニケーションが活発に図られる場にしたいという依頼があるとする。それを建築家に頼むと、近隣の動線を意識し、人の引き込みを活発にし、そこに人がたまるように広場のようなものをつくる。それに対して家具デザイナーであれば、もともとの限られた環境の中から賑わいをつくるのにふさわしい場所を見つけ、その滞留時間を長くするために家具などを絡め、その場にもっといたくなるような条件をつくるだろう。スキーマの特徴として、家具から始め建築、都市空間をデザインしながらも、依然家具デザインも行っている点がある。ただ単に家具のプロポーションのデザインができるというより、素材の特徴からふさわしいデザインが想像できたり、材料を持った時にこの厚みでもちそうかどうかをなんとなく判断できたり、肌触りからどのように仕上げたら良いか想像できたり、つくる手順や道具を考えることでデザインを検討したり、いろいろなアプローチでデザインを生むきっかけを見つけていくことができる。それが家具の領域にとどまらず、内装、建築まで至る。そして、建築を設計しながらもそこに置かれる家具を想像する。家具をデザインしながらもそれが置かれる建築を想像する。また、ひとつの課題に対して、建築でその回答を出すこともできれば、家具で出すこともできる。「賑わいを生んでほしい」という要望には、お店という人の目的地をつくることで賑わいを生んだり、自然と人が集まるベンチのようなものをつくって人の営みを生んだり、建築からも家具からもアプローチできるのが強みだ。

さらに四年ほど前に元スタッフの上野が家具のデザインをやりたいということで出戻りしてきた時に、家具チームをつくることになり、それ以来建築チームと家具チームで大から小に至るまで分担し多種多様な施設を組織的にデザインできるようにした。また、新築なのか、リノベーションなのか、も問わない。ただ、家具チームとは言っても、いわゆる家具やプロダクトのデザインをするというより、設計事務所の中で家具寄りの小スケールの造作を設計したり、既成の家具から適宜相応しいものをセレクトする能力が求められる。よく建築家が作品の強度を上げたいと思ってひとつのコンセプトを大から小まで一貫してつくろうとして、かなり無理矢理なデザインを家具にして明らかに使い手の立場をどこかに置き忘れてきてしまう場合があると思うのだが、我々はその点においては家具チームと建築チームが組むことで、そういった思い込みでデザインを押し付けることはない。

また、「Flat Table」や「SENBAN」などのようにプロジェクトを通して思いついたアイデアを表現するために、家具という機能に落とし込んでミラノサローネなどで発表の機会を設けたりすることもある。一方、卓上の照明をつくってほしいとか、コンパクトな家向きのソファを提案してほしいなどと具体的に機能を提示されても、なかなかそこに向けてデザインができるわけではない。ミラノサローネなどで多くの家具デザイナーらと肩を並べて展示に参加させていただいていたこともあって、そのことに自分自身で気づくのにはしばらく時間を要した。

東京都現代美術館
サイン什器・家具

そんな我々のもとに、東京都現代美術館からリニューアルオープンに際し、長らく休館していたこともあり来館者の期待に応えたいということで、建築には一切触れられないが、家具で変化を与えるような提案をしてもらえないかというプロポーザルの話をもらった。なかなか無謀な要望だが、我々の腕の見せ所と思い、提案させていただいた。

柳澤孝彦氏が設計した既存建物は、隣接する木場公園とのつながりを意識した設計で、もともとは公園からアプローチをすると右に常設展、正面にショップとカフェ、そして左に企画展と、やわらかい広がりのある構成だった。しかしその後、大江戸線／半蔵門線に清澄白河駅ができたことなどから、西の狭い間口からのアプローチが主流になり、あの厳つい回廊が皆の印象として刻まれた。西側入り口からアクセスすると、

東京都現代美術館、コルクを使ったインターフェース。内外ともに使用可能

縦に長い空間に手前から企画展、ショップとカフェ、常設展が奥へと続いていき、実際には美術館内でアクティビティが完結していた。そこで我々はコンペ要件である「既存建物には一切触れず、サイン計画および家具・什器のデザイン」によって、再び木場公園からのアプローチを再生し、公園から建物奥へと人の流れをつくり、建物が本来目指した姿をつくれないかと考えた。

什器は家具よりも大きく、お客さんでは容易に動かせないものの、リフターを使うことによりひとりでも簡単に動かせる家具とも建築とも言えない造作、インターフェースをつくり管理側で自由にコントロールできるようにした。それによって通路に置かれているものを動かし、柔軟に目的に合わせて空間を変化させることができる。また素材の面では重厚かつ威厳のある建物に対し、ややもすると仮設とも見えるカジュアルで親しみのある素材を選定した。

また、中庭に人が入れることになり、館内に居場所がたくさんできき、美術鑑賞が目的ではない、公園に遊びに来た人のランチ場所だったり、クールダウンする場所だったり日常使いする人も増えて、もともと柳澤さんが意図していた美術館になったのではないかと思っている。

開かれたVitra Stand

「私はVitraのCEOのノラと言います。一月に日本に行くんだけど、九日の朝って会える？」と友達からのメッセージのようなメール。ではどんな言葉を加えたらよいのかと言われれば、それだけでもう十分なのだが、あまりにもシンプルなメッセージとVitraという有名ブランドに抱く印象にギャップがあった。実際に事務所に来られた時もたまたま目の前を通りかかったというような身軽な格好で、かつてArtekの社長でその年のVitraブースの責任者だったミルクと一緒に現れた。最初はただ本当に立ち寄っただけというように、いろいろと部屋をめぐり、過去作品やサンプルなどを見て回ると入り口に戻ってきて、そのままもう帰るのかなと思ったタイミングで、さらっと「サローネでのVitraの会場構成をお願いできるかしら？」と言われたのだ。当然、まさか四月に開催される今年の展示じゃないだろうと思っていたら、「いや今年の！」

Vitra Stand 設営風景（二〇一五年）。
社長自ら設営準備を行う

となってびっくりはしたものの断る理由など一切なく、「やります！」とふたつ返事。「じゃあ要件をまとめて送るね」と言われ、次にパリに行く二月後半に会うことを約束して、その突然の訪問は終わった。そこから怒濤のような準備が始まり、四月一四日にはオープンを迎えたのだった。オープン数日前にミラノに入ったのだが、すでにノラとミルクは現場にいて、しかも作業着を着てパレットを動かして作業をしていた。この光景、以前「代官山LLOVE」の時にディレクターのスザンヌでよく見ていて、その時は彼女は特別なんだと思っていた。経営者でありながら、そして女性でありながら、現場でスタッフと一緒に重いものを運んで会場構成の準備をするなんて。でも、それは特別ではなく、ヨーロッパでは常なのかもしれない。同時に、いつだかスタイロテーブルを説明する時に「女の子でも持てる」と書いたら、ノルウェーから来たインターンの子に「差別だ」と怒られたことがあったことを思い出した。

二〇一五年のこの展示はノラがＣＥＯに就任して初のミラノサロー

サローネ本会場内で、ここだけ壁がない

ネ。そしてミラノのメイン会場であるフィエラのど真ん中での展示。この手の会場構成では、今までは商品をできるだけ多く、かつイメージしやすい背景に置いてコーディネートするのが常識だった。Vitraもそれは変わらず、これまではインハウスデザイナーが空間を構成しデザインしていた。そんなところに新しい試みをということで二人が考えたあげく、ありがたいことに我々に声がかかったのだった。それまでミラノには何度か行っていたものの、フィエラの会場には行ったことがなく先入観がなかったのだが、資料としてもらったVitraの過去図面を見て閉鎖的な会場にまったく魅力を感じなかったため、ことごとく壁を取り、外に開くことを提案した。そして、プロダクトもコーディネートされた背景に置くというのは前時代的な発想に思えて、ありのままを見せることを考えた。なんだったら毎日変わっていくくらいの方が、何か見落としているものがあるような気にさせて何回も来たくなるだろうということで、輸送資材であるパレットを展示ブースの基本単位として、その配置で会場構成をしていくプランだ。流石に毎日動かすことや、すべてをオープンにすることはできず、商談スペースなどクローズなところをいくつか指定された。それでも半分以上の外周は開かれたのだった。最初、会場に着いた時、「え？ みんなこんなに囲っているの？」と、まわりのブランドの境界が壁で覆われているのを見てびっくりした。それに比べ、我々のブースたるや完全に広場だ。と気づいたところでもう遅い……。

おおかた会場の準備ができ、いよいよプロダクトを展示するために、錚々たるVitraのデザイナー陣が会場にやってきた。最初は遠巻きに指示をしていたが、そのうちデザイナー自らどこからともなくパレットを集めてきて思い思いに設置し、その上に自分の作品を置き始め、いつの間にかパレット争奪競争が始まって、最初の計画とは大きく変わったレイアウトが出来上がった。そしてオープンするやいなや、順路に沿って説明を受け商品を見せられ疲れた人たちが知らず知らずに集まり、Vitraの広場におびただしい人が集まっていた。それが正解か不正解かはいまだによくわからない。今でも、あの会場構成は最高だったと言ってくれる人たちはたくさんいるが、それ以来Vitraの会場構成はインハウスのデザイナーで毎年デザインされている。

NADiff a/p/a/r/t
（二〇〇八年）

「NADiff a/p/a/r/t」のプロジェクトは表現として満足にデザインできたかと言われると、写真だけ見ても目を引くところは床のエポキシくらいではないだろうか？　実際に半分以上が昔の青山店で利用していた棚の再利用なので、そこまでの空間的な表現には至っていない。むしろ、余計なことをしてくれるなという感じで、当時社長だった芦野さんが出される指示のままにつくったプロジェクトだった気がする。実際には目から鱗なことが多く勉強になって、のちのちの我々の仕事に大きな影響を与えるのだが、最初はこれをデザインと言っていいのかはわからなかった。

芦野さんは立ち読みが多いほど美術書は売れるんだと言っていて、お店のデザインでもいかに立ち読みを長くさせられるかが大事とのことだった。でも重い美術書を持ったまま読むのでは疲れてしまう。それをある程度の時間ストレスなく読めるようにするためには、平置きにして読みやすくなっている必要がある。そこで平台の上に平積みした本の上端の高さが、その上に作品集を開いてページをめくるのにちょうどいい高さになるように計画をした。目当ての本を他の本の上に載せて読むことになるので、その下に隠された本を待っている人は、他の関係のない本を読むようになり、そのうちに他に関心を移していき、延々と歩き読みが続く。

また、人をより回遊させるための陳列の仕方には他にも工夫があって、芦野さん曰く、ひとつの台の上にひとりの作家の本を全部並べてはならないのだそうだ。たとえば、ホンマタカシの写真集が五冊あった時、五冊を同じ場所に並べず、並べても三冊程度で、他の二冊は別なところに置くそうだ。そんなことを知らない人が、三冊の立ち読みを済ませた後で他の場所で別の一冊に巡り合ったとすると、同じ作家の本はひとまとまりになっているだろうという観念が覆され、まだまだ他にあるのではないかという疑いから彷徨い歩くことになる。結果、立ち読み時間が長くなり美術書の購入が増えることになるというのだ。初めてこの話を聞いた時は、とても面白い話だなと思ったものの具体的な形やデザ

TODAY'S SPECIAL 自由が丘（二〇一二年）

インに還元されるものではないので、ショップデザインとは関係のないことと思っていて、それとは違うところでデザインを考えないと、とプロジェクトに取り組んでいた。

それからしばらくは忘れていたのだが、だいぶ経った二〇一一年、CIBONE自由が丘を「TODAY'S SPECIAL」という新たなブランドに変える依頼がきた時に、これと似たニュアンスのことを考える機会があった。それはライフスタイルショップということで、平台や棚のレイアウトを考える際、通り芯を通して、平台は同じ高さにし、全体の見通しが効くすっきりと構成されたお店をデザインしたのだが、それを見るなり社長の横川さんが「こんなんじゃ、みんな奥にも入らず入口で見切って帰っちゃうよ」と言ってきたのだ。お店というのは、見通しが立たないからこそ回り込んで奥に行くし、見えないから見える場所へと移動し人は回遊し始める。その回遊がぐるぐる回って同じところを二度三度通って初めて、なんかこれ必要な気がすると手に取って持って帰るん

銀座ロフト（二〇一九年）

だよ、と。つまり、凸凹のガタガタで、見通しが効かないお店の方が良いんだよと言われた時、自分の中でのショップデザインの定義が総崩れになったのだった。実際、出来上がってみても、我々がデザインしてつくったものが見えないくらいに上に物が載っている。その状況に向き合った時、我々が大層大事にしているものはお店にとってはどうでもよく、そんなことより人をどのように動かし買い物を楽しませるかが、お店をデザインする上で大事なんだと気づいた。すでに一〇年以上経つTODAY'S SPECIALだが、コロナがあろうがいまだにお店には人がいっぱいだ。それを見ると、間違っていなかったのかなと思うのだった。

その後、二〇一九年に地上六階建の銀座ロフトで、エスカレータひとつに対して少し大きすぎるフロアに円弧状の動線を挿入し、そこから内側と外側に入り込むように、歩を進めるたびに陳列台に行き当たることで方向を変えさせ、回遊性を上げるお店をつくった。その最上階の奥に配置されたのが一際目立つ「JINS Ginza」だ。「通常デザイナーにJINS

のお店をお願いすると、店頭に並べられる商品の数が減るのが当然ですから」と言われ、僕が客だったらそれは入店するのにマイナス要因になると考え、容量を減らさずにむしろ増量可能にし、かつコストパフォーマンスの良い、さらにメガネに優しいお店を計画した。

ストックをデザインする

DESCENTEのオルテラインシリーズを販売するチームの植木さんが事務所に挨拶に来てくれた。「DESCENTEってブランド知っていますか？　もともと野球などのインナーウェアで知られているブランドで……」とだいぶ遠慮がち。もちろん、僕は昔からよく知っているし、スポーツブランドとしてちゃんと認識していた。しかも、実はちょうど一年前、そのオルテラインのダウンを買って愛用していたのだ。別件でお仕事していた洋服のデザイナーの方に、「ダウンが欲しいのですが、良いブランドって知っていますか？」と聞いた時に、間髪入れずに「DESCENTEの水沢ダウンがいいですよ。すごく性能もいいしデザインが良い。原宿駅前にあるから是非行ってみて」と言われ見に行ったのだ。

一階はいわゆるDESCENTEのスポーツウエアで、まだそこまでアウトドアブランドがファッション業界を席巻していたわけでもなかった

DESCENTE BLANC 代官山（二〇一五年）

ので、「本当にそんなにいいデザインのダウンがここにあるの？」とおっかなびっくり「ダウンって扱ってますか？」と聞くと、二階に案内された。平日だったこともあったのだろうが、店員の方ひとりだけで他に誰もおらず、さらにちらっと値札を見たらなんと一〇万円越え。「いや、これはないな。早々に撤収だ」と思ったものの、そのまま帰るわけにもいかず、一度スタッフの方の話を聞くことにした。商品をひとつ手に取り、真ん中の平台に載せ水沢ダウンの説明が始まった。通常のダウンは縫い目から水分が入り、そして羽毛が出る。だから……と、一つひとつ今まで自分が着てきたダウンが丁寧に否定され、それに変わるアイデアが盛り込まれたダウンが目の前で説明されていくのだ。一〇分くらいの説明だっただろうか、思わずLとサイズを告げ、ストックからダウンを取ってきてもらい肩から着させられた時、完全に観念し、気がついたら右手にDESCENTEの紙袋を持って階段を下りていたのだった。

　この経験をしていた僕は翌年お店のデザインの依頼を受けた時、自分が受けたこの説明から購入までをいかにスムーズに行い、正しく商品の良さを理解してもらった上で迷わせずに購入につなげるかを考えた。その結果、ストックまでサイズや色を取りに行く時間をなくすために、天井の懐をすべてストックルームと考えそこに既製のウィンチを使った昇降ハンガーをつくった。そして、その下に降ろした商品を広げじっくり説明できるように動かせる平台を設置した。

そんな事情でこのDESCENT BLANCのお店は誕生したのだが、このハンガーは収納の役だけではなくディスプレイとしても有効で、日によって昇降させる位置が変えられ、昨日見えていた商品が見えなくなり、新しいものが見えてくる。お店の表情に変化が生まれることで、お客さんは入る衝動を掻き立てられるようだ。

Blue Bottle Coffee

Blue Bottle Coffee のウェブスター・ロースタリー&カフェ（カリフォルニア州オークランド）。清澄白河のモデルになっている

これはスキーマにとって、組織が大きくなるきっかけとなったプロジェクトだ。それまでもAesopやVitraなど、有名でむしろBlue Bottle Coffeeより歴史が長く広域で活躍するブランドのお仕事はさせてもらったが、その後の影響はBlue Bottle Coffeeが絶大で歴然とした差があった。やはり、日本ではアメリカの文化の影響がいまだに強いんだなと感じた経験だった。ただお話をいただいた時には、僕はまだBlue Bottle Coffeeも、サードウェーブコーヒーという言葉すらも知らなかった。実際飲食店の設計自体初めてだった。そんな我々だが、ワイルドなお店の多い西海岸におけるBlue Bottle Coffeeの立ち位置を理解しその世界観を表現できそうということで声をかけていただき、二〇一四年二月にサンフランシスコまで視察に行かせていただいたのだった。まったく前知識ないままに入っていき、サードウェーブコーヒーにおい

てはトレーサビリティが大事で、美味しいコーヒーを皆で楽しむために、豆の生産からバリスタ、飲み手に至るまでフェアな関係でつながってい く必要があることを知っていく。また、スタートアップビジネスがＩＴ産業から食産業に移行しつつあって、コーヒー屋やチョコレート屋の中でその機運が高まっていることも知った。コーヒーの味を追求するために、焙煎機からコーヒーミル、計量器、そしてペーパーフィルターまで研究し尽くし、技術的に味の向上を狙って熟練の味を超える努力がなされていることも。ただ肝心の味は？というと最初は浅煎りコーヒーが紅茶みたいでピンと来なかった。ただ、お土産で買っていったコーヒーを日本に帰って飲んでいるうちに、その紅茶のようなコーヒーがむしろ好きになってきて、好きになった頃にはもうコーヒー豆は底をつき、その後二〇一五年二月までの一年間、カフェが完成しオープンするまでその味を楽しみに待つのだった。

我々日本人は職人気質ゆえ、つい味や美しさを追求する時、中にこも

Blue Bottle Coffee 日本一号店開店当日の様子。長蛇の列ができた

り自分と対話し、深めていこうとするが、アメリカではそこがまったく異なり、定量的にデータ化し技術を共有できるようにする。だからこそ世界のマーケットを支配していくのがよくわかった。そんな衝撃的な出来事をデザインの中でどのように表現するかと考えた時、カウンターをフラットにして、主客にヒエラルキーをなくし、同時に調理工程がすべて見えるようオープンにキッチンをつくった。それによって誰のために今何がつくられているのかもわかれば、キッチンの中がきちっと掃除されて清潔であることもわかる。美味しいコーヒーが飲めるのは、いいコーヒー農家がいて、そして焙煎士がいて、バリスタがいて、それを資金的に支える消費者がいるという関係があるからこそ。そんな当たり前でフラットな関係が、このカウンターを介して感じられる。そんなトレーサビリティの高い、かつ個々のスタッフのサービスがそのまま伝わってくるワン・バイ・ワンの関係を築けるお店にしたのだ。

AY

HAY
HAY
TOKYO

ishing Area
Room

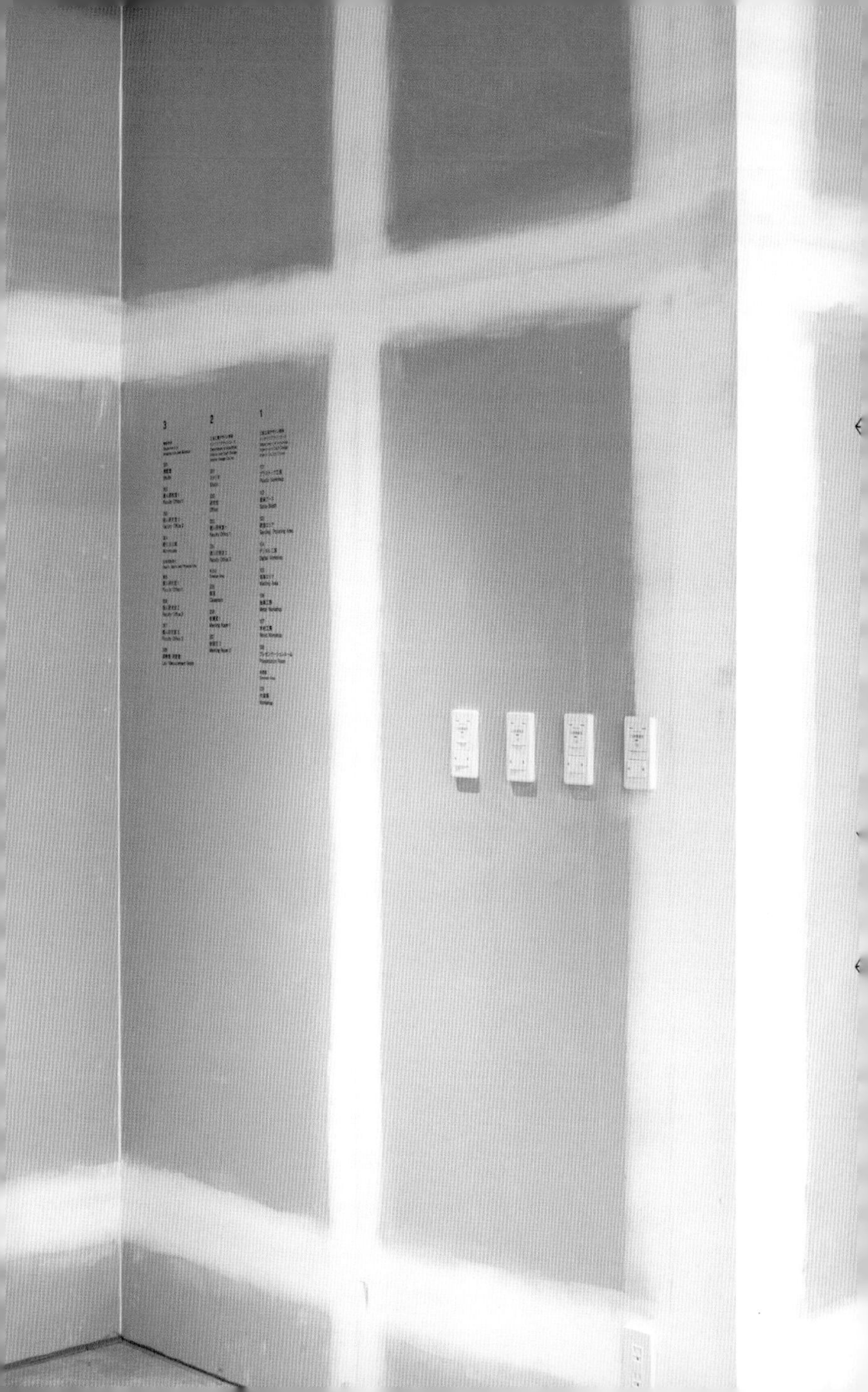

oasis

DESCENTE BLANC

半建築 08
見えない開発

学生の頃、建築学生ならやはりヨーロッパに名建築を見に行くべきだったのだろうが、僕は少しバイト代が貯まるとすぐタイやインドなど東南アジアに行っていた。もちろん、安いからということもあるが、合理性では片付けられないような高い熱量と慣れない価値観、文化に刺激を受け、引きつけられていたのだろうと思う。また、建物も当時はエアコンなどなく開け放されていたので、家の中の様子が全部見え、夕飯時に通りを歩いていても街の一体感を感じていた。実際にはつまらないトラブルもあって、たとえば日本円で言ったら一〇円程度のタクシー代をちょろまかされ、本気で怒る。すると、向こうも引かない。車のタイヤを蹴ってドヤしたら、大きなクラクションを立てて威嚇してくる。決して手も出さなければ、銃も出さない。そんなくだらないがあたたかい地元の人との小競り合いが大事なコミュニケーションで、それを通して街の人たちともつながる。そのえも言われぬ界隈性と自分の建築という仕事がつながりをもってくるなんて、その頃は考えてもいなかった。これは単に趣味で僕が好きなだけで、建築の仕事とは関係ない。デザインに界隈性など関与しないと思っていた。

その幻想は、二〇一一年の震災をきっかけに脆くも崩れ去り、以降、その界隈性だったり、コミュニティづくりだったりが、我々の都市生活に不可欠で十分にデザインする対象であると認識したのだった。界隈性の魅力を「えも言われぬ」という言葉で片付けずに、そこにデザインが関わっていく必要性を感じたのだ。その価値を誰もがわかる言葉にして具体的な空間に落とし込む、えも言われぬ空間を解析し、再構築する試みである。そこに多種多様な人々が関わって新たな化学反応が生まれるような場づくりをしていく。そのことの大切さに我々日本人は二〇一一年の震災で気づいたはずだったが、皮肉にもこのコロナ禍でいっとき街や人とつながることが悪となってしまったため、再び狭い殻の内に押し込められ、それが日常で当たり前のことだと思いかけていた。しかし、感染症への対応も医療技術などによって改善され、その呪縛から解き放たれ、また少し外と交流をもつようになってきている。

済州《チェジュ》島の北、タプトン（Tapdong）。この地域は一九九〇年代に市場やショッピングスペース、映画館などが立ち並び、済州島最大の繁華街として栄えたが、その後、繁華街が済州市の南側の新市街に移ったために、開発が進まず徐々に廃れ、部分的には廃墟と化してまったく人が立ち寄らなくなっていた。現在アラリオミュージアムとなっている建物は、昔この地域の中心的存在の映画館だった。そこが廃業し、その後、放置され荒れ果てていたところを、アラリオの創始者でありアーティストであるキム・チャンイル会長が訪れた。見に来た時にはあるべき鉄骨も盗まれ雨も降り注ぎボロボロだったという。しかしそんな街に可能性を感じ、まずはその映画館跡地を買い、新築を建てるのではなく改修し、改修どころか一層増床し、美術館にコンバートした。同時に誰も手をつけ

「見えない開発」同士の軒先。すでに道の文化が生まれている

ようとしない場所ということもあって、その周辺を次から次へと購入し、気づいたら近隣の二〇軒近くを所有していた。アラリオとはソウルから約八〇キロくらい南下したチョナンのターミナルステーションをつくって運営している会社だ。それも会長がかつてひとつずつ小さなバスターミナルを買い集めていき生まれたもので、今はそのステーションの上にミュージアムや新世界百貨店が入る。そんなアラリオが次に目をつけたのがこの済州島のタプトンで、その核としてアラリオミュージアムとともに「D&DEPARTMENT」をつくることを二代目であるキム・ジワン氏が考え、その設計を我々が請負い、本計画が始まった。コロナが世界に広がった二〇二〇年春に竣工したが、今年二〇二二年五月まで僕は一歩も近寄れず憧れのように自分の作品を東京から見ていた。

この地域はプロジェクトの計画段階だった二〇一八年頃は全然人が歩いておらず、本当にお客さんが来てくれるのか心配だった。それでも、アラリオのキム会長は我々にD&DEPARTMENTの他にいくつか同時に設計を依頼してきた。D&DEPARTMENTの南にメッセンジャーバッグ

「見えない開発」のアクティビティを誘発するインターフェース

のブランド「FREITAG」と済州島の全土を自転車でつなぐハブになるべくつくられたレンタルバイク屋「Portable」。さらにアラリオミュージアムの下にも「creamm」というカフェを計画した。そして二〇二二年には道を挟んだ反対側に「KOLON」ができた。ある意味、開発とも言える。このエリアリノベーションは現在も引き続き、他の建物も進行しているが、初期の頃、この一連の開発に対して我々がどう向き合うか、そこにどんな価値を据えていくかすごく考えさせられた。

外壁ひとつとっても、改修する場合は普通塗装し直すことになるのだが、その時何色で塗るべきか?——今さらアラリオミュージアムと同じ赤で統一することも景観条例上できない。地域一帯の改修／開発となると直面するそんな問題に頭を悩ませている時、たまたまとある大学の卒業設計の講評会に呼ばれて行ったことがある。その中で、新大久保で三つほどの飛び地に建つ古い建物を改修する計画を提案している学生がいて、その子が模型を使ってプレゼンテーションしていたのだが、当然外観はほぼ変わらないので先生たちには何をどう計画したかわからず、あ

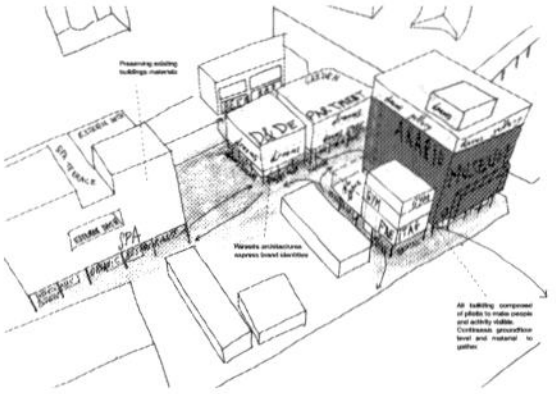

「見えない開発」という言葉の発見前に描いたタプトンのプロジェクトのスケッチ。つながりを重視している

まりいいことを言ってもらえないでいた。でも僕はそれを見て、「かといって新しい建物をつくっても、この新大久保では何も面白くない。ぱっと見わからないからいいんじゃないか？」と思えて、この計画の面白さがどうしたら伝わるかと考えていた時、ふと降ってきた言葉が「見えない開発」だった。「（あえて）見せない開発」だからこそ良い。遠くではまったく変化に気づかず、角を曲がって足元に来て初めて変化に気づき、ワクワクしながら中に入るとさらに予想を裏切られる。するとさらに期待は広がり、隣の建物まで期待の目が向けられる。そして、その期待に沿って数か月後にまた新たな店が隣にできたりする。そんな変化こそが街の楽しみで、それを我々は「見えない開発」と名付けた。

　コロナ禍以前はアジアの都市に行く機会が多かったのだが、どこに行っても同じようなショッピングモールがあり、入っているテナントの顔ぶれも変わらないという状況に辟易していた。大学時代に行っていたアジアはどこも個性的で地域ごとに違いがあったのに、最近はどこに行っても同じ感じだ。そろそろアジアも一周回って個々の個性を掘り下

アラリオミュージアムの横にFREITAGとPortableが入る建物が建つ

げる時期に来ているのではと、期待とともに思うようになっている。

その土地土地に引き継がれてきた歴史をスクラップし、新たな新旧の境界線をくっきりビルドする、巨大な「見える開発」に対して、僕はそれを、多様性を受け入れる「見えない開発」と名付けた。名前を付けられると、途端にマイノリティのマニアックな活動ではなく、メジャーな目的になる。目的になった時、それに該当する場所は世界中に山ほどあり、そこに広がっている可能性にワクワクさせられる。

D&DEPARTMENT JEJU by ARARIO

D&DEPARTMENTとは、ナガオカケンメイさんが定義するロングライフデザインを多角的に見つめ直し、その価値を再認識させるブランドで、そのためには実際に販売するプロダクトなどを製作する場に行き、つくり方や材料の特性を理解する必要があったり、できたものを正しく使う方法を知る必要があったりする。いっとき集まってつくり手に教えを乞うこともあれば、一日一緒にいてご飯を介しながら知るこ

D&DEPARTMENT JEJU by ARARIO（二〇二〇年）。ここの特徴であるグリーンを支える心臓部

ともある。そういったさまざまな角度でロングライフデザインに深く関わる場をつくるべく、滞在型のワークショップ兼ギャラリースペースである d news と宿泊施設 d room を新しく加えた、世界で一番大きな D&DEPARTMENT が D&DEPARTMENT JEJU by ARARIO である。訪れるアーティストにとっても、ただ教えるアウトプットだけではなく、長期滞在する中で新たな材料などに巡り合い、新たな創作活動のきっかけとなるインプットも得られる場所である。ここはそんな双方向型の文化交流地点で d news、d room の他に、定番の d 食堂と d ショップがある。

本来ホテルというのは東西に細長く中廊下を介して南北に部屋が効率よく並ぶものだが、この建物は平面が四角に近いことから、どの部屋も窓を設け外に接しようとすると建物の真ん中に空洞が生まれ、同時に外周の開口部はその間取りのためにつくられたわけではないことから各部屋に歪みが生じる。そのため、各部屋はひとつとして同じ間取りにはならず、中央の暗い空洞部にはトップライトを取り入れ、ホテルの共用部のようなストアができた。共用部も個室も室内にあるすべてのモノ、

d room内の様子。ひとつとして同じ家具の組み合わせはない

たとえば家具や植物、雑貨に至るまでが商品で、宿泊することでじっくりロングライフデザインを堪能しショッピングを楽しむ場所となる。また、ユーズドを多く扱うこのd roomの家具が売り物となると、商品が循環するので、ホテルとしても行くたびに変化があり、たとえ同じ部屋でも異なる感覚を味わえる。インテリアとしてはホテルではありえないほどに大きく窓が開き、そして部屋ごとに異なる装いになっている。

これだけの機能を満たす面積を確保するのに、一棟では足りず二棟を合体しつくることになった。本建物の植栽を一手に引き受けるpadosikmulというグリーンショップがピロティと二棟の間の隙間に足場を立て活動の場としており、そこに生息する植物たちはどれも商品ゆえ、季節の変化や商品入れ替えによって絶えず動き、変化し続けている。

FREITAG STORE JEJU by MMMG

この建物はもともと一、二階にバーガーキングが入っており、大通りのある南側に向けてつくられた。ただ、「見えない開発」構想に沿うには、

FREITAG STORE JEJU by MMMG（二〇二〇年）。お店から庭に向かう途中にキッチンバーがつく

D&DEPARTMENTに向けて人を流し込み、建物と建物間の路地にアクティビティを生み出すためにも、この一階を人が行き交うようにする必要があった。そこで空洞部を増やしピロティを強調し、南北の通りを歩く人に対し互いに見通しがきくように両面を窓ガラスで構成している。

その結果、室内部分、そして壁面収納を多く必要とするFREITAGの店舗を二階に持っていった。二階は半分くらいがかつてバーガーキングのテラス席として利用されていた場所で、床が白と黒の大柄な千鳥のタイルで、壁面は昔ビニールのランチョンマットに施されていたような変な幾何学模様でできたサッシ、そしてホームセンターなどで売られてそうなチープな植物柄の鋳物の手摺などがあった。その八〇年代のどこか軽薄なポップデザインはなかなか哀愁があった。そもそも商品であるメッセンジャーバッグを、トラックの幌、シートベルト、自転車のタイヤチューブ、車のエアバッグ等を再利用しつくることから、ひとつとして同じものがないことを売りにするFREITAGとしては、その哀愁あるポップな空間をコラージュすることは当然のことで、そのかつてのテラ

タプトンの「見えない開発」現状図

ス席と室内との境界に半屋外のバーを設置することで、テラスを活かせるお店づくりを行った。さらにこのバーは FREITAG に来るお客さんだけではなく D&DEPARTMENT 側からも来ることを想定し、テラスに階段を設置した。それによりストアの終業後でもバーとして楽しめるようになっている。また、ひとつ上がった屋上には FREITAG のタープを使ったシアタールームを兼ねたテントがある。このバーとシアターでは非日常的な活動が可能となるので、ホテルのゴールデンタイムである FREITAG 閉店後の時間に、旅行客にその半屋外空間を提供し楽しんでもらえたらと考えて用意した。また、このテラスをお客さんに長居してもらえるような緑豊かな場所にしたいと考え、ピロティからテラスに直接大きな緑を運べるダムウェーターも設置している。

Portable

FREITAG の下の一階には、D&DEPARTMENT の宿泊客に楽しんでもらえるコンテンツとして、レンタルバイク兼バイクショップを計画し

Portable（二〇二〇年）。昇降式自転車ラックがつく

た。レンタルバイクは、済州島の広さを考え、車と併用しサイクリングを楽しめるように、折り畳み自転車で統一した。さらに時にヨガなどスポーツにまつわるワークショップもここで行うため、いつでもフラットに広くその場が使えるように、天井の懐を自転車の収納として使える昇降式ハンガーシステムを設置した。そこには自転車だけでなく洋服などもかけられ、それらを自由に手に取れるようになっている。

creamm

アラリオがこのタプトンという土地に来て最初に手がけたアラリオミュージアムは、大通り沿いにあり、背も高く、さらに赤で塗られているので、この街のシンボルとして遠くから見てもこの場所を認識できる存在となっている。ただ内容はとても良いのに、なぜか人が寄り付かない。最初に訪れた時、街自体人が少なかったのだが、それでもこの美術館に我々だけというのはいかにも寂しい。しかし会長自身がアーティストでもあるため作品を守る意識が強く、もっと街に向けて開いていこう

creamm（二〇二〇年）。ミュージアムの壁を使ったサイン。少しずつ開く

と何度か提案するものの実現できずにいた。今回のD&DEPARTMENTやFREITAGの出店に伴い人が少しずつこの地に戻ってくることを考えると、それではもったいない。その人の流れをアラリオミュージアムにも誘導し、ミュージアムが自ら息を吹き返し、名実ともにシンボルとなり得る場に変わるようにしたいと思っていたところ、creammというカフェのプロジェクトの話が浮上した。D&DEPARTMENTやFREITAGの工事がちょうど始まった頃に、同時期のオープンを目指し、急遽このカフェの計画が始まったのだ。目的は先にも述べたようにD&DEPARTMENTやFREITAGからの人の流れを美術館内に引き込むことで、そのためにD&DEPARTMENT側にある、人にとっては歩きやすい細い路地のような通り沿いにカウンターを向けて配置し、スタンディングテーブルを出した。あわよくばD&DEPARTMENTやFREITAGのピロティ部を客席代わりにして広がりをつくり、街とのつながりを生む起爆剤になることを意図している。同時に一段上がった美術館のレセプションのレベルにメインの客席を設け、美術館側からは

ミュージアムカフェとして利用できるようにした。それによって、それまで近づきづらかった美術館が身近な存在となり、今まで訪れなかったお客さんが美術館に来館する機会になってほしいと考えている。

KOLON SPORT SOTSOT REBIRTH

creammが竣工し約一年半後、今度はアラリオミュージアムの南の通りを一本挟んだところにあるテナントビルに開発領域が広がった。既存の建物はどこにでもあるような三階ＲＣラーメン構造で、等スパンで分かれた区画に四テナントが軒を並べるビル。区画ごとに一階と二階の間の外壁に看板をつけ営業していたが、それでは中に入ってみないとわからない「見えない開発」的な魅力が得られないと考え、まずそのステレオタイプな看板を取り外し、区画の境界が外から感じられないような魅力ある雑居ビルを目指した。オーナーが四区画ある内の三区画を所有することから、横、上、裏の建物に今後つながるべく躯体の整理もしている。具体的には三階で隣のABCというこれもアラリオがもつベーカリー

KOLON SPORT SOTSOT REBIRTH（二〇二二年）。外から見るとどこからどこまでが誰の場所かわからない雑居ビル感ある

カフェにつながり、さらに南側の通り、ミュージアム側からするとこの建物を越えた奥の路地に出やすい開口部を計画。また、今回は東から二スパン目の一、二階にKOLON SPROTのコンセプトストアをデザインした。「持続可能性」を掲げSOTSOT REBIRTHというリサイクル素材からつくられたワンオフの商品を扱うアパレルストアであることから、我々は済州島海岸付近で集めた海洋ゴミを使って什器をつくった。スケルトンも既存のインフィルを剥がし、できるだけそのまま利用している。

二〇二〇年、二〇二二年に竣工した各施設はコロナで海外に渡航できない間、本土から多くの韓国人が訪れ賑わい、さらにその賑わいを嗅ぎつけアラリオ資本ではないテナントも少しずつ集まり、自動的にかつての活気を取り戻している。ピロティの上に置かれたインターフェースなどを介し、個々の建物がつながり道の文化がこの済州島タプトンにて生まれようとしている。また今もともとサウナだった建物を複合施設に変えるべく計画が始まっていて、少しずつ少しずつ中身が塗り変わり、それと同時に人のアクティビティの範囲が変わっている。

半建築09
移築

Aesop Aoyama

この建物を解体する際に出てきた材料が、Aesop Aoyama（二〇一一年）で使われた

「Aesop Aoyama」ができたのはちょうど東日本大震災の一年前のことで、その時代はその時代できっといろいろあったとは思うが、まだ世の中がノーテンキだったと今となっては感じてしまう頃のこと。何のつながりもなかったAesopの本社から突然ぽんと送られてきたメールに誘われ、本拠地であるメルボルンにAesopのショップを視察しに行くことになった。今では世界中にお店を構えるスキンケアブランドのAesopだが、当時は世界にそこまで店舗数のない頃で、参考に見に行くならメルボルンだったのだ。メルボルンで見たお店の中で古材を使ったディスプレイが素直に気に入り、まずお店の素材は古材だと考えてカタログで古材を見ていると、Aesopのアートディレクターである白鳥浩子さんから「え、そんな規格化された古材を使うんですか？」と言わ

古材を HAPPA の床に並べながらデザインした

れた。そこで、日常に溢れかえっている古材、つまり建築廃棄物から材料を得ようと探していると、たまたま工務店の担当者の自宅の前の家が取り壊されることになり、慌ててその廃棄される古材をもらいにいったのだった。それを当時の事務所だったHAPPAに持って帰ってきて、解体し板にしてギャラリー全体に並べ、一つひとつを見渡しながら設計を行った。そこから生まれたのが今も青山店に残る棚で、古材と新材の組み合わせ方もそうだが、古材のもっている雰囲気によって、新しいお店なのに当初からなぜか昔からそこにあったかのような顔をしているお店ができた。

その後、少しずつ気候変動が顕著になりだし、あらゆる場面で環境に配慮した話が増えていった。日本においては二〇一一年の震災による原発事故以降、建築家もエネルギー問題を非常に気にするようになり、断熱やエネルギー効率を重視する建築が増え、コンクリートも二酸化炭

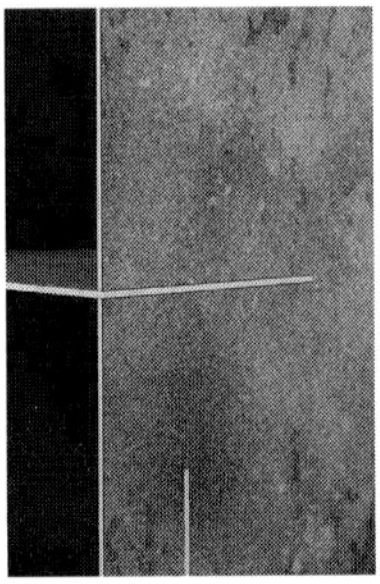
Reallyは一見平滑かつ均質に見えるが、一度色を混ぜると吸い込みムラができパタンが生まれる

素の排出が多い材料ゆえ、極力使わない方が良いという雰囲気が出てきた。我々も最近ではいわゆるRC造の建築を積極的にはつくっていない。また、ミラノサローネでも徐々に環境問題をテーマにした作品を多く目にするようになっていった。そんな中、二〇一八年に我々にもアップサイクル素材である「Really」を使ったデザインと展示の依頼があった。Reallyはデンマークのテキスタイルブランド Kvadrat が循環経済への転換を掲げて開発した、使用済みのテキスタイルを再生した素材だ。前年にマックス・ラムというイギリスのデザイナーが同じ素材を使った作品を展示していたのをたまたま見に行っていたのだが、その時にはあまりピンときていなかった。流石にマックス・ラムのデザインはカッコよく素敵な造形がたくさんあったのだが、でもどうしてこんなに重くて割れそうな扱いづらい素材を無理に使うんだ？　アップサイクル？　高価な上に扱いづらいのに、その素材を使って製作し販売を模索する、このマインドはどこから来るのか？など、最初は疑問を感じていた。もちろん環境を考えた時、環境に悪いものを使わないとか、ゴミを出さない

というように、できるだけ減らす努力はしても、カーボンニュートラルのようにプラスマイナスゼロにしようという発想がその頃は自分になく、アップサイクルという概念をイメージできていなかった。そこでまずは材料の特性を知ろうとスタディを重ね、古い素材の寄せ集めによってできているので個々の場所で素材の個性が少しずつ変わり、一見一様な表情の中にも硬さの違いや吸い込みムラが存在することを発見した。結果、Reallyを使った我々の作品は、その違いを浮かび上がらせるために表面を研磨し、そこに染色を加えることにした。実際、素材の変化が表面に出てきてきれいなムラが生まれた。また、展示の時に自分の背丈くらいの家具をつくっているチームがあったのだが、それを見た時、どことなく布に似たやわらかい表情を感じたのだった。

ヴェネチア・ビエンナーレ

そこから数年経過し、気候変動が深刻になるとともにアップサイクルの必要性を理解し、日常の中でも意識するようになって自分のつくる作

第一七回ヴェネチア・ビエンナーレ国際建築展（二〇二一年）。日本館のピロティが作業場に

品にも影響するようになってきた。そんな中「見えない開発」や既存の建物を大事にすることなどを、環境問題を含めて考え始めていたのだが、ちょうどその頃（二〇一九年だったか）、門脇耕三さんを通して「ヴェネチア・ビエンナーレ二〇二〇建築展のプロポーザルに声がかかっているのだが、アーキテクトとして参加しないか」という相談を受けた。本来は喜ぶべきことだろうと思うのだが、その時は自分がそこにどう関われるのかいまひとつ想像ができず、門脇さんには「このSNS時代にわざわざ日本でつくって遠いヴェネチアまで運び、半年間展示するということにどうもリアリティがもてない、なんでそんな意味があるのか？」と自分の感じている違和感を伝えた。そうではない展示、もし移動するなら移動する意味のある展示ならば参加したいのだけれど、と。実際、その話は他の参加メンバーにも共感を得て、じゃあその方向で何をするかという話になっていったことを記憶している。

早速、材料はAesop Aoyamaのように一軒の住宅の解体で出た廃材を利用しようということになったのだが、今回もたまたま門脇さんの家

日本館の中庭が展示会場に

の前の一九五四年築の高見沢邸が取り壊されることを知り、その廃材を使うことになった。解体工事は施工会社のTANKが担当してくれたのだが、再利用可能なようにあらゆるパーツを通常の倍以上の時間をかけ丁寧に剥がしていくことで、その建物の歴史の変遷を逆回転で感じ取っていくような作業になり、その歴史の積み重ねが高度経済成長期と重なり、その時代の建築の面白さをひとつの建物から学ぶという経験をすることができた。その後、丁寧に整理してシッピングし、チームごとに順番に現地に入って、それらの材料を使って連歌式に会場を構成することになっていて、会期に入ってもつくり続けることで移動も含めたプロセスがひとつの表現となる計画であった。日本館の新たな使い方も提案のひとつだった。屋外の中庭を展示スペースにし、本来の展示室を材料庫にし、ピロティを加工場にしたのだ。

しかしその翌年の春、荷物が届きいよいよ始まろうとしていた頃にコロナが蔓延し、イタリアでもピークに達していた時期だったのでビエンナーレ自体が延期になってしまった。一年延期してもあまり状況が改善できず、結果我々が出向くのではなく、オンラインで現地の職人さんに緻密に指示を出しながら会場を制作することになり、オープン時にはひとつの完成を迎え、会期中にも工事が動き続けることはなかった。我々は他のチームのように既存のある構造をそのまま現地に持っていき、再度組み立てて、誤用、異なる使い方で再利用するのではなく、材料の保管場所と制作場所の担当で、空間というよりも人のアクティビティをデザインする役割を受け持っていたが、コロナの影響でその動きがなかなか実現できずに終わったのだ。

ただ、この計画を通して古材という素材について認識を新たにした点がある。古材というものはそもそも今の規格とも異なる上、長い年月で曲がったり、痩せたり、変形したりする。さらに一回目の利用の時の加工跡が残るので、二次利用は使い方を個別に考えなくてはならない。しかし現在は、スキャン技術、データ送信速度、データ保管容量、閲覧技術などの向上により、遠く離れた地からでもオンライン上で使えるか使えないかの想定はしやすく、個体差のある材料を取り扱いやすくなった。

実際に古材や規格外材料など、昔ならどんなに良くても実際に見に来ないと判断できなかったので、捨てられたり、倉庫奥底に眠ったりしていた。以前、ロイドホテルのディレクターのスザンヌから、京都の廃棄物場を見に行った時に毎日のように美しい古い木が持ち込まれ、捨てられているのを嘆いていたと聞いたことがある。今やネットで盛んに販売されているのを見ると、まずそういったストックの有効利用が今後盛んに行われ、スザンヌが嘆くような光景がなくなることを期待できる。もちろん、日本の場合、構造の条件が厳しく普通には新しい材料と同じようには使えないので、越えないとならないハードルはたくさんあって、使い道は制限されるのだが、まずはこれが第一歩だ。昔までスクラップアンドビルドはただの悪だったところに、少し道が拓けてきている。また、市場も近隣に限定する必要はなく、国を越えれば文化が異なるゆえ、意外と喜ばれる。実際にビエンナーレで使用された一部の材料はオスロのパーマネントな建築の一部としてヴェネチアからオスロに移動したのだ。

T-HOUSE
New Balance

T-HOUSE へ移築前の既存建物解体中

　そしてちょうど同じ頃、同じように古民家の骨組みを移動して組み直し、空間の要素に取り込んだ New Balance の「T-HOUSE」というプロジェクトがある。これは東京の渋谷、原宿、青山などの西側ではなく、あえて簡単には人が寄り付かない浅草など東側の不便なところに事務所兼ギャラリーをつくり、冷やかしではなく真のファンに来てもらいたいという素敵なコンセプトから始まっている。それに適した場所を探して何軒か見に行ったのだが、古くていい感じの建物はあっても、New Balance のような会社に合った合法建築がなかなか見つけられずにいた。忘れかけてしまいそうになっていた頃に、突然川越の蔵を日本橋浜町に運んで、その場で蔵の骨組みを覆うような新築をつくり、その中にその骨組みを生かしたお店をつくりたいという話がもち上がった。最初にそのプランを聞いた時は、新築の中に骨組みを運んで設置したら、その分狭くなるだけで、蔵の骨組みが装飾にしかならないのが自分としては許せず、担当者が先に進めてくれていたものの全然乗り気になれずに困っていた。しかし計画はどんどん進み、いよいよ新築部分が建ち骨組

T-HOUSE（二〇二〇年）。外壁はまったくの新築。内装に蔵の構造フレームを入れた

みも大方組まれるところまできた。その段階で現場を見に行ったのだが、その時、たまたま蔵を建てる大工さんが余った材料を使って掃除道具置き場をつくり、さらに蔵の骨組みの貫の部分をうまいこと使って骨にうまく寄生させていた。それを見たことが、このプロジェクトのターニングポイントとなる。

大工さんがその場の材料を使ってサラッとつくる現場の家具にはいつも感心させられていたが、今回は異常に突き刺さり、これにぴったりくる名前を当てたくなった。担当していた上野に聞くと「まかない家具」と一瞬で言い当て、「それだ！」となったことで、このプロジェクトはそこから大きく変更されるものの一気に腑に落ちる作品になったのだった。このまかない家具の発想で、蔵の構造をただの装飾で終わらせずに、家具機能を満たすきっかけや、電気工事の配管ルートに使うことにした。

Aesop Aoyama の頃はまだそこまで環境問題を意識させられることが少なく、エコの観点でまったく自覚的ではなかった古材の再利用だが、今となっては当然のように意識すべきだと思うし、サスティナブルな意

はじめて「まかない家具」と呼ぶことになった、T-HOUSE 内の掃除用具置場

味でも意匠的な意味でもヨーロッパやアメリカの人たちから支持されることが多い。

そもそも一度建てた建物は永久にそこに存在するものだと植え付けられて育ってきたヨーロッパの人たちにとって、動きながらも保存、愛されていくあり方自体が特別で、かつやはり出来上がっているものが圧倒的に異なるので興味を抱いてもらえるのかもしれない。

50 Norman

その場で改修するのではなく、素材を適切な場所に移動し加工を行ったプロジェクトが他にもある。ニューヨークのブルックリンで、クオリティをキープしながらもリーズナブルに魅力ある空間をつくるということを考えた「50 Norman」というお店で、この秋にオープンする。

場所はノーマン・アヴェニュー五〇番で、ワイス・ホテル（Wythe Hotel）や、ザ・ウィリアムズバーグ・ホテル（the wiliamberg hotel）、そしてザ・ホクストン・ホテル（the hoxton hotel）などが建ち並ぶ華

京都から運ばれてきた廃材が 50 Norman（二〇二二年）の材料となった

やかなワイス・アヴェニューが、グリーンポイントという閑静な住宅街に差しかかったところにあたる。そこから先はノーマン・アヴェニューになるのだが、その入りかけに、わずかに残る工場群がある。工場から商業施設へと少しずつ変わりつつあるその一角は、まさに今ブルックリンの変化の潮目があるエリアだ。そこにジャパニーズフレンチの HOUSE BROOKLYN と日本の陶器をはじめとする料理道具に焦点を絞った CIBONE、明治四年創業、築地魚河岸尾粂《おくめ》の三店が入る、日本の食をテーマにした複合店ができることになり、我々に設計の依頼をいただいた。

　限られたコストの中、外国というアウェイでどのようにお店をつくるかを考えると、もちろん、その土地の材料を使って、その土地の職人につくってもらうのが当然だろう。ただ、過去のアメリカでのプロジェクトでは、施工技術の低さからなかなか思い通りにものがつくれなかった経験があった。それはアメリカに限らず中国などでも同じで、国によって変わる施工レベルにダイレクトに影響を受けやすい自分たちのデザインに対してどのように取り組めばいいか悩んでいた。アウェイでも出来上がりに満足できるように、他国での施工能力に合わせてデザインを考える方法や、国内でつくったり現地に日本の職人を連れて行ったりして満足できるクオリティを維持する方法を試行錯誤していた。

今回、どのように日本のカルチャーや日本の食を伝えるかが重要になるこのお店では、特に海外でも日本でつくるのと同等のクオリティが求められると考えた。ただ、このプロジェクト自体が皆にとって挑戦的なものでそこまでコストもかけられないという事情もあった。そこで、京都の古民家の廃材を利用することでストーリーを生みつつ、その材料自体は国内ではむしろ捨てるのにお金がかかるものなのでそれを使うことで原材料費を下げ、また施工はTANKに任せることで精度の高さ、同じ時間内での仕事量を確保し、彼らが多工能で動けるという利点を生かし合理的に工事を行った。そして一番の決め手は今の日本とアメリカの物価の差で、日本でつくって日本から送り、現地でTANKによって組み立てることでも勝算があると考え、今回の計画に踏み切った。つま

50 Norman、FRP板はアメリカでTANKが製作

り、材料入手、製作方法、輸送方法、組み立て方法を考えることで、そこでしかできないデザインに挑戦したのだ。

もともと最初は日本でできるだけ多く加工し、コンテナに入れて運ぶつもりだったのだが、計画を進めるうちにコロナ禍ということもあって、コンテナを使って船で運ぶ費用と期間がバカにならなくなってしまった。その期間と費用を抑えるために、クレートをつくりその中に高密度で部材を入れて体積をできるだけ減らし、航空便で送れるようにし、クレート自体もお店の展示台として利用できるデザインを考えた。コンテナを諦めた時点でやたらめったら面材でも何でも古材を使ってつくることはやめ、面材は現地調達可能で、TANKで製作可能かつアメリカンスケールに合わせられるFRPを使うことにした。ただ、その方針で日本での製作が始まった頃、シッピングコストの影響はコンテナが載る船便だけにとどまらず、航空便のコストも高騰してきていた。そこで総体積をコンパクトにすれば良いということではなく、限られた飛行機内のスペースを無駄なく利用できる、どこにでも差し込めるような小ぶりかつ

50 Normanのサイン、サンドブラストでTANKが製作

バラバラなパッキングがコストを下げる方法となり、あえなくクレートでの輸送を諦めたのだが、その時点で製作はほぼ終わっており、クレートもばらして送ることになったのだった。

またサインはビレッジの長嶋りかこさんにお願いし、足すのではなく引くこと、つまりサンドブラストで製作した。このように少ない手数で確実な個性を出すことを試みたプロジェクトである。もちろん、現地、ブルックリンで物件探しから施工まで行い、かつ構成員の多くが日本人であるディベロッパーのBLANK designさんの手厚いサポートがあって成り立っているのだが、手に触れる部分については主にTANKが約一〇日間で組み上げ完成させたのだった。今回、思わぬシッピングコストの高騰があったのだが、今後この「空間づくりの輸出」はひとつの方法になりえると、今回の経験を通して自信を得ることができた。

工具から生まれるデザイン

二〇二一年のヴェネチア・ビエンナーレ（本来は前年開催の予定だったがコロナ禍で延期となった）で日本館の会場構成の主要材料である、高見沢邸の古材と補強のための単管の組み合わせ方を考えた。その時、不定形の古材と定形の単管とを簡単に接続させる方法を考える必要があり、試行錯誤した結果、丸鋸を使った「SENBAN」という新たな加工方法をTANKと編み出した。通常、ロクロを使って対象物を回転させ、それを鑿で削っていく方法は世界で実践されていてスタンダードだが、それだと角材の角部で鑿を弾き飛ばしてしまう。これはテクニックが必要で、どんな技術をもっている職人がいるかわからないビエンナーレのプロジェクトでは現実的ではないと考え、角材の角を落とさずに角だろうが腹だろうがどこでもそのまま刃を入れて切り進められる丸鋸を使う

SENBAN、円柱旋盤加工機

ことにしたのだ。対象をロクロ的なもので回すことは回すのだが、丸鋸で対象物の回転軸に近づくように一か所切り進み、必要な距離まで近づけたところで水平移動しながら造形していく。本来丸鋸は横にスライドさせるようには設計されていないが、摩擦を受けずに真っ直ぐ進むためにもとから刃先が少し開いていて、横にも切り出し削っていけるようになっている。そういったイレギュラーな工具の特徴を活かし、考案した加工法である。もとは不定形の古材を直径四六・三ミリの単管パイプの中に差し込めるように正確な円柱に加工するのだ。

これは僕の中ではなかなかな「発明」とも言えるアイディアで、この建築だけでとどめておくのはもったいないと考えた。ちょうど二〇二一年はコロナの影響でミラノサローネとヴェネチア・ビエンナーレの表彰式がほぼ同じタイミングであることを知り、いっそこのSENBANをより発展させミラノサローネで発表したいと考え、急遽二か月前にアプライしたところ、奇跡的に市内の展示会場のひとつであるデザイン・プラットフォームAlcovaで素敵な場所を貸してもらえることになった。いろ

SENBAN、ボール旋盤加工機

いろな材料をいろいろなタイプの丸鋸でSENBAN加工し作品を製作。デザインはスキーマで、リアライザーとして加工道具の製作からそれによってできる作品までをTANKが担当し展示することができた。
その中で横方向のスライドだけでなく、丸鋸自体を回転させながら鉛直方向に木材を押していくことでボール状に彫り込む加工方法を見つけたり、丸鋸の刃をダイヤモンドカッターにして石を削ったり、レンガを積み重ねそれを回転させながら削ったりした。
我々はそういった発想から新たな形をつくる方法を見出し、そこから用途を想像し、プロダクトをつくり、その先でマーケットを想像していくことがよくある。今、ソウルのプロジェクトで外壁・床ともにレンガの建物の改修を行っているが、そこで屋外ベンチが必要になり、レンガのSENBANを使用しようとしている。このように建築のプロジェクトで発想を得て、プロダクトでその精度を上げ、バリエーションを広げ、再び建築のプロジェクトに転用していく——建築と家具の間を行き来しながらアイデアを育てていくことが我々のものづくりの特徴である。

究極のまかない家具

スタイロテーブル。ひとりで簡単に運べるが、人が乗っても壊れない

スタイロテーブルはスキーマにとって究極のまかない家具かもしれない。当時、HAPPAにいた僕たちはそのギャラリースペースを三社でシェアしていて、時にミーティングスペース、時にパーティ会場、時に展示スペース、時に制作場所として利用し、時に外部の方にも使ってもらっていたので、日替わりでさまざまにレイアウトが変化していた。だが、Flat Tableをミーティングテーブルにしていると重たすぎて、ひとりしかいない時にいざ動かそうとするとレイアウトを変えられず困ることなどがあった。そんなある日、ふと五〇ミリ厚のスタイロフォームに二・五ミリ厚のベニヤが片面だけ付いている板を見つけ、もしもう片側に同じベニヤが付いたら、ハニカム構造の板のように軽くて強度のある天板になるのではないかと思いついた。早速そのメーカーにお願いしてみたところ製作してくれたのだが、案の定、頑丈で軽い。人ひとり乗っ

ても全然びくともしなければ、あまり力のない人ひとりでも運べる軽さだ。安っぽい水色の発泡材も、スキーマ的にはむしろ好物。ただ、ひとつ弱点は、スタイロの部分を指で押すと潰れ、形が変わって戻らないところ。公共の場所に置くといずれ汚くなってしまうことが明らかなので、自分たちの息のかかったところか、もしくはそういった事情も含め受け入れてくれる内輪寄りのところしか通用しない。また、メーカーと一緒にこれをプロダクト化し販売しようとしても、我々はアイデアだけで図面も描く必要もなければ、何もすることがない。デザイン的には手数少なく良いものができたらそれが最高なのだが、売ろうとするとアイデアが露わすぎて少し業界を知っている人なら自分でつくれてしまう。それが究極のまかない家具なのかもしれない。

思い込みの更新

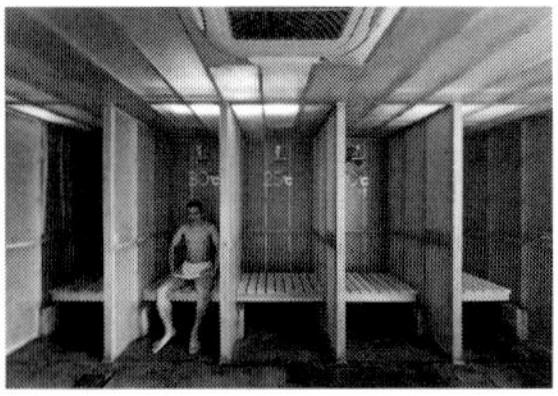

℃恵比寿(二〇一七年)。透明FRPで防水および造作を行った。透明FRPもベージュ色

新しいかたちのカプセルホテルを手がけるナインアワーズさんから最初に声がかかった時、平田さんたちが設計している新築の建物のようなものをなんとなく想像していたが、僕たちは僕たちらしく、やはりカプセルホテルでもその改修の依頼だった。早速、現地を見せてもらいにいくのだが、それは昭和の頃にできた建物で、飲んで終電を逃したサラリーマンがサウナで酒を流しカプセルホテルに泊まるためにできたようなおじさんのための建物で、その時代の残像がこびりつきすぎて、最初どのように料理していいかわからなかった。

既存カプセルのベージュ系の独特の色にどうにも記憶が染み込みすぎているようで、なかなか印象を変えることができないと思い込んでいた。また、カプセル同士の組み方を変えられれば良いものの、組み直す手間にとにかく費用がかかるらしく、大きく組み方、表情、レイアウト

黄金湯（二〇二〇年）。ベージュのタイルが程よく明るく優しい感じをつくる

を変えられないことが徐々にわかってきていよいよ手詰まりになってしまっていた。

そんな時に担当してくれていたフランス人のマチューが、ベージュのものだけを集めたコラージュ集をつくってくれたのだが、それがとても美しくむしろベージュで空間を揃えることでスタイリッシュに蘇るのではないだろうかと、僕を期待させてくれたのだった。このプロジェクトを行うまで、エアコンのフードでもベージュを嫌い、白いものをいつも探していた、そんな嫌われていたベージュである。それだけに、ベージュに対する意識を変えてくれたマチューのコラージュは僕を新天地に連れていってくれた。実際に「℃恵比寿」では、FRP、洗面台、プラスターボード、針葉樹合板、カーペットなどでベージュ色の素材を多用し、完全に古いカプセルホテルの印象が一掃されている。その後、スキーマでベージュが流行ったのは言うまでもない。「Aesop LUCUA」だったり、「黄金湯」だったりで積極的に展開している。

黄金湯は、タイミング悪く℃五反田店で予算の関係からほぼスケルトン現しのシャワールームをつくった後のご紹介だったので、それを見た施主から、それはそれでかっこいいのだが、風呂から出てきたらお客さんが血みどろになっているんじゃないかと心配されていた。そんなことはないとわかってもらうために、肌に触れる付近は優しく仕上げることを伝え、その象徴として肌色、つまりベージュの素材をふんだんに用いた。その結果、広く市民に愛される銭湯ができたのだった（笑）。

℃と同じように色に対する印象を一変させたプロジェクトは他にもあって、ひとつが「八木長本店」だ。これは老舗鰹節屋で日本橋に本店を構えており、一棟まるごとが八木長の自社ビルで上階には本社機能が入っていた。その外壁がエンジ色で、どうもその色が重苦しく感じられたのだが、我々が依頼を受けたのは一階のお店だけだったので、最初は建物から一階のテナント部を切り離して異なる色でお店をつくろうと考えていた。しかし話を聞くと、どうやらこのエンジ色は鰹節を割った時に見える断面の色で、お店のブランドカラーとも言える色なんだという。

八木長本店（二〇一七年）。えんじ色と銅色、コンクリートの組み合わせ

八木長本店の外観

それを聞いて流石にこの色から逃げるわけにはいかないと覚悟を決め、その色ありきで造作のベースとなるＭＤＦも同じエンジ色にし、それに相応しい金物の色として銅と組み合わせ、空間を構成した。すると、まったく同じ色なのだが、それまで抱いていた重苦しさから解放され、決してよく見えていなかった色のイメージが一気に変わったのだった。そして、そのショップ空間を見て、再び外に出て外観のエンジ色を見た時、なぜか同じエンジ色が素敵に見え、街の中でも際立った存在感を生み出していた。

こういった色の印象を更新する体験は日常でもよくあるが非常に面白い。いかに人の先入観が危ういものかと思わされる。

髙本貴志

sumica（ブルースタジオ、二〇〇二年）のポスト

彼はスキーマの初代スタッフで、もともとは僕が藝大に通っていた頃に初めて美術予備校の先生として教えた予備校生だった。その時すでに浪人していて、その後二年かけたが結局藝大の建築科には受からず、武蔵野美術大学の短大に行っていた。ちょうど彼の卒業の年に、僕は倉島と堀岡と別れて三人からひとりになっていてよほど寂しかったんだろうなぁ、「常、ひとりで大変そうだから手伝ってやろうか?」なんてことを言われ、その言葉に惹きつけられ、彼を雇ったのだから。二年ほど見ていない間に武蔵美できっと良い成長しているんだろうと、なぜか勝手に期待を寄せていた。その頃、ブルースタジオの大島さんから「sumica」の設計の仕事を振ってもらっていて、それを手伝ってもらおうと思っていたのだが、結局彼が二か月かけてつくったのは郵便ポストで、めちゃくちゃ手のかかったポストがsumicaに付いたのだった。その後、三月

桑原商店（二〇一八年）。お店の上が一家の住まい

頃になって坂東くんや當間くんが入ってきてスタッフが三人だった時がある。当時は「haramo cuprum」などをやっていたので三人雇えていたのだが、とにかく三者三様で愉快だった。しかし設計では髙本はなかなか助けにならず、たまりかねてコックでもやったらと言って暗に肩をたたいたことがあった。そこから彼は當間くんに影響を受けてカフェ・カンパニーに入り設計をしたり、その飲食部門で働いたりして彷徨い歩くのだが、あるとき何を思ったのか二級建築士免許を取り、次に大工の見習いをしてその後独立をしていたのだ。

そんなある時、また「常、手伝おうか?」と上から目線で言ってくる彼に、家と現場が近いのもあってなぜか懲りずに「じゃあ、手伝ってよ」とお願いしたのが「桑原商店」だった。桑原商店は息子家族と四世帯一三人が住む住宅が上にあって、もともと家業で酒屋を営んでいた。しかしコンビニや大型のチェーン店などに押されその家業もなかなかうまくいかず、最後には酒屋の倉庫が売り場になり、そこが路地裏なこともあって自然と角打ちになっていたのだが、彼らとしてはあまり満足の

桑原ファミリーが高本隊長のもとセルフビルド

いく商売ができないでいた。そこを我々がお手伝いすることになり新たな角打ちを手がけさせてもらったのだが、あまり予算もないことから高本を親方として家族みんなでセルフビルドで工事に参加してもらうことにした。高本は材料を仕入れ、時に必要な電気屋さんなどの職人を手配し、それ以外は大工として働き、ＤＩＹの時には家族みんなをまとめ工事を仕切ってくれたのだが、それが本当に上手で、みんなが前向きにそして楽しく工事ができるような環境を現場でつくり上げ、大成功となったのだ。その現場でできたチームワークはその後のお店の運営でも効果を発揮し、なぜか笑顔の絶えないお店ができたのだった。

そして二〇二一年の暮れ頃、予算のないプロジェクトだが、楽しそうな仕事の依頼がモノサスの真鍋さんからあった。オフィスの一角を「FarmMart & Friends」というドーナッツと食料品の店にするという面白そうな話。それでも忙しかったこともあって普通なら断るのだが、なぜかTODAY'S SPECIALやCIBONE、そしてHAYを運営するWELCOMEの小林さんだったり、原宿のレストランeatripのユリさん

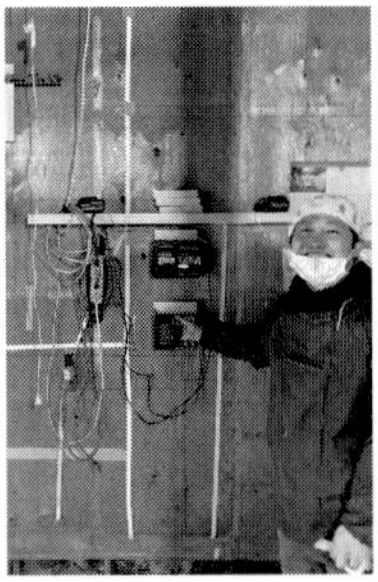

FarmMart & Friends でのまかない家具、渾身の出来をアピールする高本

FarmMart & Friends（二〇二二年）

だったり普段お世話になっている方々が周りを固めていて、しかも現場が事務所の近所で通勤路にあることもあり断れずにいた。何かできる方法を考えないと、と頭をひねっていた時に思いついたのが高本の起用だった。彼に設計施工で加わってもらい、僕は監修という立場に立った。もちろん、監修ということはなくデザインはたいてい考えたのだが、担当を付けなければ設計料を取らなくて済むし、実際高本が必要な図面は用意してくるのでできると踏んだのだ。やってみると手間的にはそんなに簡単ではなく、僕自身も大晦日までデザインさせられたが、なんとかスキーマのスタッフを使わずにデザインをまとめられた。しかも、やはり高本のコミュニケーション能力は高く、一気にモノサススタッフの気持ち、首脳陣の真鍋さんや林さんの気持ちを鷲掴みにして、最初にはなかった予算も少しずつ広がり、ここぞというところでは工事費が出てきて素敵な店づくりを実現できたのだった。とにかく、僕も現場に行くと楽しいので、通勤路にあることもあってつい足を伸ばしてしまうのだ。それは人の良さだけではなく、確実に彼の設計力は上がっていて、難し

い納まりも現場で一分の一の図面を手で描いて解決していた。桑原商店でも、工事が終わった後に家族の皆さんから屋上に住んでくれないか？と言われるほどだったのだが、モノサスでも終わってみると皆が髙本を手放せなくなって、次なる仕事をつくろうとしていた。

堂前さん家の歯医者さん

マコモ歯科（堂前さん家の歯医者さん、二〇二一年）。左が歯科医院、右が住宅

金沢からわざわざ歯科医院兼住居で我々のところに依頼してくださったのが堂前さん。コロナ禍よりも前の時期、当時の事務所である青山のオフィスにお越しになりお話ししたのが最初で、とにかく底抜けに明るく気持ちがいいお二人だった。そのうち、計画が少し進んだ頃、敷地に出向きお話を聞いた。以下はその時にメモしたものなのだが、建築としてはほぼそのまま実現できたのではないだろうか。

［メモ］一般的な歯科医院では診療所内を表裏に分け、裏を見せないようにして、きれいなところだけを見せようとするものだが、それによって従業員自身も客が見えなくなり、事務的になりホスピタリティのある対応ができなくなる。同時に従業員同士も見えないことから先生や患者から目をそらし、サボる時間が生まれてくる。それを堂前さんは不合理

と考え、主客も主従も関係ない全員が見通しのきく歯医者をつくりたいと考えている。また、隠すことは結果的に不潔なことも隠蔽してしまい、結果的に歯医者全体では清潔さを維持できないので、オープンにすることは大事で、二階に上げる機能以外極力オープンにしたい。さらに、歯医者特有の治療に対する恐怖から患者の意識をそらす工夫として、他の患者を気にさせないようにする習慣があり、表裏だけではなく、患者同士の間にも壁をつくる傾向がある。それによって隣の声が聞こえないことから、公正ではない治療の勧誘を行いやすい環境も生まれていて、患者も先生の話を疑いをもって聞く傾向がある。たとえば、保険適用外の歯を売ろうとしているのではと構えたり、無駄に長く治療していると思ったり。だから、そのバリアを取り除き透明性を維持できる関係をつくりたい。そして、もちろん歯をきれいに維持する方法や歯に対する正しい知識を伝えていくのだが、ただそのことだけにフォーカスするのではなく、社会状況や精神状態、生活など総合的な視点、つまり全人的な医療を行っていきたい。人の考えはさまざまなので、押し付けない対等

街並みの中のマコモ歯科

な関係で築いていく、個々にあった治療を行っていきたい。そのためにも、やはり極力間仕切りのないオープンでフラットな関係をつくり、先生が自ら患者を呼びに行っても、トイレで患者と先生が一緒になっても自然であるような関係を築いていきたい。（二〇二〇年三月）

実際の建築として変更された点は、もともとは二階に住居を構え、全人的医療に家族は取り込まれていなかったところを、途中からできるだけ平面的に人のつながりをつくろうとして平屋での計画を試みたことである。それによって、家庭、職場、そして地域、学校（たまたまお子さんが通う保育園と小学校が交差点の斜向かいにある）が数珠つなぎになったような、公私入り乱れる壮大な計画になった。規模としては、最初は一〇台のチェアを置く比較的大きな診療所を目指していたが、予算の関係から五台でスタートすることになり、それに伴い、全体の面積も少し小さくなった。とはいえ平家だと大きな面積で、そこに屋根をかけると大屋根となる。それでは地域の中で際立ちすぎて近隣住居群との親和性が図れず、目指す全人的治療のイメージにそぐわないため、できるだけ棟を細かく割り、近隣と同じような屋根や外壁材でつなげていくことを考えた。ただ、それでも勾配を考えるとどうにも二層並みの天井高になる部分が出てきて、その部分にところどころ床を設け、二階に倉庫をつくった。それによってまるで近隣の建物が重なり増築されたようになった。実際、もとから増床の予定があるので、さらに棟が追加された時にも自然と構成の一部となり得る。

happy
new year
2021
BUNN
HOT

creamm
크림
10:30 – 19:30
ARARIO
MUSEUM

1966
ca.1965
1964

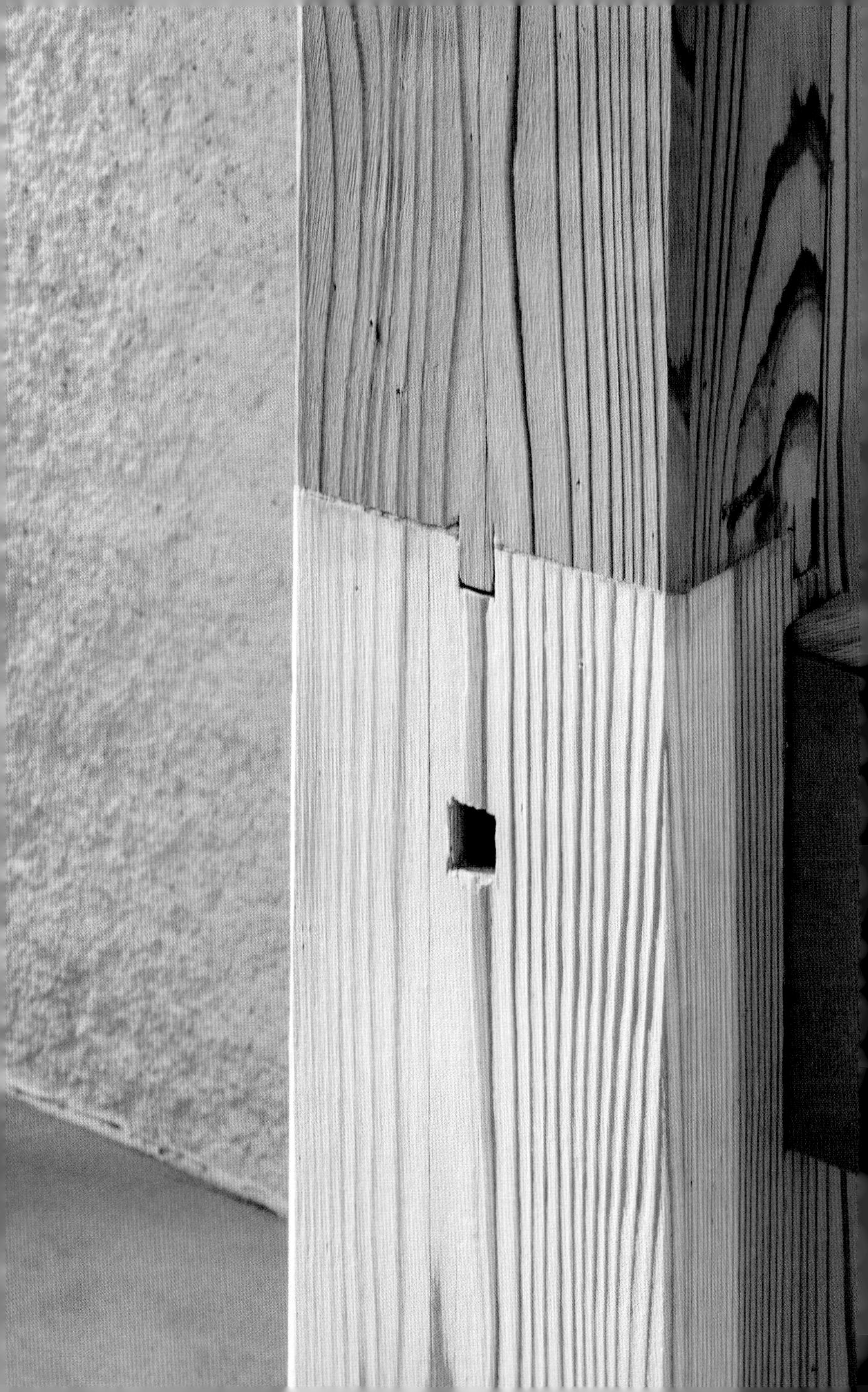

50 Norman
CIBONE
HOUSE
DASHI OKUME

YORK

薬風呂

622
621
620
619
9

Aesop

Aēsop.

半建築10
尾道

尾道にある海沿いの倉庫をリノベーションした複合施設「ONOMICHI U2」をサポーズデザインオフィスの谷尻くんと吉田さんがデザインしオープンさせた頃、雑誌でちらほら目には入ってきていたが、尾道という場所がどこなのかまったくわかっていなかった。瀬戸内ということでなんだか遠そうだと勝手に思い込んでいて、行ったこともなく曖昧に認識していた。ちょうど同じ頃、尾道でお仕事の相談をもらった。しかし当時は、Blue Bottle Coffee のオープンラッシュで忙しく、新しいお仕事を受けきれず断ってしまった。それなのに東京に来られる際に事務所までわざわざご挨拶に来てくださって、「とてもいい人だなあ。尾道ってどんなところだろう。いつか行ってみたいなあ」と思ったのだ。

それから数か月もしないうちに神戸出張から福岡出張まで一日くら

尾道、渡船から眺める風景

い時間が空く機会があり、東京に戻るのではなくこの間に尾道に行ってみようと思って初めて尾道を訪れた。着いたのは夜九時も回ってほとんど食べ物屋も店を閉め町が静まり返っている時間だった。そのままU2に泊まり、早朝に起き自転車を借りてしまなみ海道を走ることにした。尾道水道の方に出ると、小洒落たホテルだから小洒落た朝を想像していたのに、おじちゃんおばちゃんたちがU2の前でラジオ体操をしていて一気に好きになったのだった。夕方には戻ってきて新幹線で福岡に行き、DESCENTE BLANC 福岡のレセプションに間に合わせないとならなかったが、可能なかぎり遠くまで行こうと出発した。とんぼ返りとはいえ、ひたすら自転車を漕ぐこと往復で八時間くらい。それはかなりお尻も痛くなるが、いろいろな風景を見ることになる。生まれて初めて間近で瀬戸内を感じる僕にとってはとても優雅な時間だった。ただ、ペダルを止めたらもう間に合わなくなるので一切止めずに走り続けた。途中、若い西洋人カップルが何を思ったか突然全裸になって海に駆けて行っている様子を見た時は、「まさに！」と思ってしまうほど、海は飛び込ん

尾道の山手住宅

でみたくなるように透き通っていた。ここでその誘惑に負けたら間に合わなくなる自分を悔いたほど。しかし彼らが海に飛び込み、瞬間的に外に飛び出してきた時、まだ四月であったことに気づくのだった。

それが尾道との最初の出会いなのだが、そこからことあるごとに尾道に足を運び、下町のこと、山手のこと、と少しずつ知っていった。今の尾道の町を見ると、一見ただの昭和の一商店街にすぎないようにも見えるのだが、それにしては見慣れない歴史の重なりが透けて見える町並みに違和感を感じて、いろいろ調べてみた。尾道は幅わずか二〇〇～三〇〇メートルほどの狭い尾道水道の地形が、天然の良港となり発展の礎となり、銀を山から下ろし船に乗せて大阪や江戸に運ぶための流通の要衝として栄え、豪商が集まった地域と言われている。この町並みはその豊かさの名残であり偶然ではないのだ。さらに豪商たちがその尾道水道を一望できる山手の地域に、「茶園《さえん》」という茶の湯文化を楽しむ別邸をつくることが流行った。その建物たちは「洋館付き住宅」で、木造和風建築でありながら一部に洋館を設けるというもので、内部も和室と洋室が

LLOVE HOUSE ONOMICHI 近隣にある墓地

混在するユニークな造りだったと言われている。

尾道に三回目に訪れた時、山手に至る坂道の途中に建つホテルLOGに家族と泊まらせてもらったのだが、その時初めて線路の北側、いわゆる茶園文化の残る山手エリアに赴いてみた。下町では良き昭和の時代を感じ魅了されていたが、山手はさらに時代を遡り明治から昭和にかけての風景がそのまま残っている。おかげで車の近寄れる道路もなく、ひたすら自分の足で階段を昇り降りするほかなかった。建物もそれに伴って明治・大正の面影を残していて想像を絶していた。

まだチェックインには少し早かったので周りを散歩してみると、いたるところに寺がある。その間に山道のようにうねうねした道に沿って、崖と趣ある家が並ぶ。どこに行っても猫がいる。昼は観光客がいるものの、夕方になると人の気配があまりなく、不思議なところに来たなぁと思いながら、同時にいろいろな想像を掻き立てられた。この道はどこに通じるんだ？　お、電気がついているけど、どんな人が住んでるんだ？　おお、こんなとこ中でそのまま死んでいる人とかいるんじゃないの？

LOGから見たLLOVE HOUSE ONOMICHI

ろで畑を耕してる。挨拶した方がいいかなぁ？　観光客なんて彼らからしたらうざいのかなぁ？……と完全によそ者感覚でおっかなびっくり町を徘徊した。

そうこうしているうちに薄暗くなってチェックインの時間に。LOGに戻ると、支配人の吉田さんに部屋に案内された。三〇二号室。そして、入るなり西側の窓を開けてくれた。すると目の前五〇メートルほどの距離、ちょうど同じ高さくらいのところに一軒の古い木造の家が建っていて、既に室内にうっすらあかりが灯っていた。そのあかりに誘われ窓の中を見ると何やら趣深い畳の間がある。そして勝手に想像は広がり、中に正座する平山周吉の影を感じ『東京物語』のワンシーンを想像した。

「あそこにはどんな人が住んでいるんですか？」と吉田さんに聞くと、「今は空き家の状態ですが、このお隣の建物に大家さんが住んでいて、この建物の維持管理をされていますよ」とのこと。そしてなぜかわからないのだが、滅多にそんなこと言わないのだが、気づくと「じゃあ買えたりするんですかね？」と口をついて出ていたのだ。「もしかしたら可能かもしれませんね。歳をとって山を離れていく人が最近多いので。あの階段が大変で」「いくらくらいですか?」「そんなに高くないと思いますよ」と話が転がりだしていった。

今でもこんなに遠いと感じる場所に、なぜ買うという想定が頭をよぎったかというと、それは海外の友達が日本に来る時に「常、どこかいいホテルない?」と聞かれることがよくあるのだが、いい感じのホテルは大抵高かったり、安いとやたらチープなビジネスホテルになってしまうというのがあり、お勧めできるホテルが今までなかなかなくて、それを聞かれるのが好きじゃなかったということがあった。そんなところにこの建物を見た時、ここなら泊まってもらいたいなと思って、つい吉田さんに聞いてしまったのだ。でも、東京から七五〇キロメートル。とんでもなく遠い。

そこから、この家の当時の持ち主だった山根さんとゆっくりした交渉が始まった。昔からこの地域に住んでいた山根さんとしては長らく憧れの建物で、ゴミ屋敷状態から引き取り、修復し、ふさわしい利用の仕方を模索してきたものの、なかなか自分だけではどうにもできず手をこまねいていたという。そこに前触れなく訪れた僕の出現は嬉しかったようだが、右のような僕なりの理由はあっても、その外国人もコロナ禍でまったく来なくなっている時期だったこともあり、そんなに急ぐ理由もなくのらりくらりやっていた。そもそもいくら魅力的でも、僕が週末に来てトンテンカンテンやるだけでどうにかなるものでもないので、実際に現地で修復に時間を割いたり、それを運営するための準備をしたりする者が必要だと思い、まずはパートナー探しを行った。事務所の現スタッフや元スタッフ、そしていつも工事をお願いしているTANKのメンバーに物件の情報を流し、母屋の隣にある離れに移住してきてこのプロジェクトを一緒に運営していくつもりの者はいないかと声をかけた。すると気になって手を挙げてくれる人たちが何人かいて、結果、元設計スタッフの中田雅実と現PRスタッフ松井納都子の夫婦が長野県飯田市から移住したいと言ってくれた。彼らの参加はこのプロジェクトのリアリティを大きく引き上げたのだった。

それが決まった後、二〇二一年にヴェネチアとミラノに行った帰りに、入国時のコロナ対応で二週間隔離できる場所を探していて、この家を思い出した。そろそろ決断しないと山根さんも怒るだろうなと思っていた頃だったので、風呂もトイレも使えないが、九月という過ごしやすい季節ということもありこの家が最適と考え、最終的にこの建物の魅力をもう一度確認する機会にしようと考えたのだ。山根さんに「二週間試しに生活させてください」とお願いし、ここでの二週間の隔離生活が始まった。緊急事態宣言中の尾道での隔離はとにかく飯屋もまともに開いておらず、非常に不便で何度となく夕飯難民になった。そういう時のコンビニ弁当はなんとも切ないものだが、その不便さもこの環境と引き換えにしたらなんてことなかった。とても貴重な体験で、鈴虫と蝉の鳴き声の中、トコトコ言わせて走る船、それからトンテンカンテン近くの造船所から聞こえる音。それらとずっと一緒にいた二週間。「これはいいよ。俺だけじゃなく、みんなにも味わってもらいたい」と心の底から思った二週間だった。特に尾道など訪れたことのないような海外の友達なん

LLOVE HOUSE ONOMICHI、窓からはLOGが見える

かが来てくれたら、きっとこういう日本を味わいたかったと言ってくれるような気がする。そんな宿をずっと紹介したかったのだ。そうやってこの場所の魅力を二週間かけて味わい最終的に購入の決断をしたのだった。

と同時に、この築一一〇年の建物はやはり思ったより傷んでいて、いろいろ手を入れる必要があったが、個人のお金で手直しをし、自ら東京からこの距離で運営していくのは現実的ではないと考えた。購入に際していろいろお世話になったLOGさんから、LOGのエクステンドとして取り扱ってもいいとも言ってもらっていたのだが、それでは、わざわざこの物件を買って使ってもらいたいと思っている海外の友達の宿泊費の予算にフィットしない。本末転倒になってしまうので、違う方法を模索しなくては……。その時ふと、二〇一〇年に「代官山LLOVE」というホテル客室として泊まれる展覧会の企画で協働した、オランダの元ロイドホテルのアートディレクター、スザンヌ・オクセナールさんに相談してみようと思い、二〇二一年の年末から翌年始にかけてオンラインで

LLOVE HOUSE ONOMICHI、一部補強のための解体工事

頻繁に連絡を取り話を重ねていった。LLOVEと絡めて世界中の創造者の交流拠点をつくれないだろうかと。そんな話を快く聞いてくれていろいろなアドバイスをくれた上、「LLOVE HOUSE」という新たなカテゴリーを一緒に考え、その時、尾道でのLLOVE HOUSEという企画が立ち上がったのだった。LLOVE HOUSEとは創造者が宿泊し、そこでこの美しく懐かしい尾道の風景を見ながら静養し、インスパイアされながら創作活動を行い、展示などを通して地域に還元する施設を指す。想定される使用者はアーティスト、デザイナー、建築家、作家、音楽家、料理家とあらゆる創造者が対象である。地域の人からしたら、あそこに行くと憧れのあの人と話ができるという場所となる。東京だと講演会など限られたいっときで話もついよそよそしくかつ短時間になってしまうが、この坂の上にはそうイージーな人は来ない。なので、ゆっくりと対面でこの素敵な風景を眺めながら話ができる。これはナガオカケンメイさんの済州《チェジュ》島でのd news（一三一頁）に関わらせていただき、学ばせていただいた新しい文化交流のあり方でもある。違いがあるとすれば、彼

荷物の上げ下ろしはすべて人力。しかも階段

らはロングライフデザインというテーマでプロダクトを探求する上でそういった場の必要性を見出していることに対し、我々が考えるLLOVE HOUSE ONOMICHIは、これもロングライフデザインだが町の保存を通して見えてくる必要な施設として考えているところだ。そして、このLLOVE HOUSEは世界各国であらゆる創造者が家をセレクトし、世界中の創造者にシェアし、スローな地域交流の機会をつくる、新しいタイプの文化交流施設である。このONOMICHIは僕が一創造者として推薦する建物で、手探りだが、第一弾のLLOVE HOUSEとなる。そのためにここでの経験をすべてオープンにし開示していくつもりである。それが実現したらLLOVE HOUSE同士がネットワークをつくっていろいろな地域を横断し、アーティストとそのファン、そして地域の人たちが、ゆっくり時間をかけて関係づけられるような新しいかたちの文化交流が世界中に広がっていくことを想像している。これこそネット時代のワン・バイ・ワンの国際交流のあり方と言えるのではないだろうか。そして、ここ尾道は自動車が入り込めないまま残ってしまった陸の孤島ではある

LLOVE HOUSE
ONOMICHI（二〇二二年）

が、考え方によってはかつて自動車によって分断され、失われてしまったコミュニケーションや公共の場をまだもっていて、もしかしたら周回遅れのトップランナーになり得る可能性をもっているのではないだろうか。

もともと大は小を兼ねると考え、始めた建築の勉強だが、このLLOVE HOUSEこそ、その時つくりたかった創造者をサポートする空間ではないだろうか。ただ、まさか自分自身がそこで展示を行うなんて思ってもいなかったのだが。結果、今この『半建築』という本をLLOVE HOUSEの最初の展示にすべく猛烈に書いている。（二〇二二年八月二七日）

Still in LLOVE

スキポール空港から五〇〇ユーロもかけて初めて訪れたロイドホテル（LLOYD HOTEL）。どんだけ遠いんだ?! もちろん、本来はその一〇分の一。完全に騙されたのだった。慣れない海外出張、本来並ぶところに並ばず、こっちの方が早いよと声をかけてきた人に付いていき、タクシーと言われているものに乗り込む。海外でやってはならないと真っ先に教わる心得を、完全に頭真っ白で思い出せず。途中何度か停車し、その度ごとにガタイのいい人が乗り込んできて前後左右を囲われ、ヤバいと思いながらも、これで目的地に着かないと尚ヤバいということで、めちゃくちゃな英語ながら、何度もロイドホテル、ロイドホテルと、目的地を伝えるに必死だった。なんとかたどり着き、五〇〇ユーロを払ってようやく外へ。とんでもない洗礼だったが、項垂れて階段を上がると、それもぶっ飛ぶくらいあたたかなスザンヌのハグが待っていた。そして

ロイドホテル、初めて訪れた時

同時に、肩越しに憧れのリチャード・ハッテンのバーカウンターから四方に伸びるライトを見るのだった。

アムスに着いたぞ！

それは、日蘭国交樹立四〇〇年を祝うイベントとして、「LLOVE(HOTEL)」という宿泊可能な展覧会を日本で開催するための視察とミーティングを兼ねたものだった。僕が訪ねたのはロイドホテル。デザイナーズホテルとしては先駆けで全一一七室あるが、ひとつとして同じ部屋がなく、オランダを代表するデザイナー、アーティストがデザインし、ひとつのホテルの中に一つ星から五つ星までの部屋があるホテルだった。コンセプトは「必要最低限のレセプション」「日によって選べる部屋」「愛に満ち溢れたホテル」と、とてもウィットが効いていて、しかもその誕生のきっかけが日本のラブホテルからインスピレーションを受けたことということで、「LLOVE」がその記念イベントのお題目に

「LLOVE」展レセプション（二〇一〇年、代官山・iスタジオ）

なったのだ。

　日本側のパートナーを探しているということだったのだが、たまたまHAPPAでオランダのデザインにスポットを当てた「droog NOW」展をやっていた時に来てくれたオランダ大使館のバス・ヴァルクスさんが、その後、同じくHAPPAで開催されたスキーマ企画の「HAPPA HOTEL」展も見に来てくれて、なぜか僕たちに目をつけてくれたのだった。それで日本側での全体企画と会場構成、オーガナイズなどすべて引き受けることになり、仲間探しから場所探し、スポンサー集め、PR、デザイン、運営とやれることをすべて一年通して行ったのだった。

　結果、スザンヌがアートディレクターで僕がアーキテクトディレクター、その他ダッチチームからは、ピーケ・バーグマンス、リチャード・ハッテン、ヨープ・ファン・リースハウト、ショルテン&バーイングス、トーニック、そして日本からは中山英之、永山祐子、中村竜治がホテルの各部屋をデザインした。それ以外にもたくさんの参加者、参加企業そしてボランティアが集い、二〇一〇年一〇月二日から一一月二三日まで

最初に「LLOVEってこういうこと?」とスザンヌに確認した時の絵

の一か月半限定で、代官山駅前にあった今はなき奈良県の宿泊施設「代官山iスタジオ」内で行われた「泊まれる展示」だった。その頃、僕も日本側の建築家三人のように、呼ばれる側に立ってデザインだけをできたらいいのにと少し羨ましく思っていたが、今となってはこれが僕なんだなとあらためて思う。考えてみれば、呼ばれる側に立ちたいって、亮太郎と準備した江戸川での野外ダンスホールの時も言っていた。しかも、今やそんな余裕もまったくないのに、またLLOVE HOUSEのように企画側、裏方に手を出している。Still in LLOVE 2022。

半建築11
周回遅れのトップ

小さい時からほんと?って思う都市伝説的なものが日本にはたくさんあるが、これもそのひとつではないかと思っていた。「飛行機の中で「携帯電話は機内モードにするか電源をオフにしてください」というアナウンスは山ほど聞いてきていると思う。でも、実際はオンにしていても特に事故にもならなければ、誰かに咎められることもない。そんな経験をたくさんしていると、いつの間にかこれは都市伝説なんだ、だから飛行機に乗る時、携帯の電源をオフにする必要もなければ、機内モードにする必要もないと思い始める。そうするともう統制は取れない。おそらく、どれだけの人が機内モードにして飛行機に乗っているかわからないと僕は思っているがどうなんだろう?

この前フランクフルト経由でミラノに行った時、いつもなら着陸するなり、ローミングを始め一二時間溜まっていたメッセージを一気に確認しようとするのだが、なぜかフランクフルト空港では機内で携帯のアンテナが立たない。その時はそうなんだ、と思って、空港の建物内に入ってからWi-Fiにつなぎ確認を行った。それから約二週間経って、帰路のフランクフルトでの乗り継ぎの時には行きのこともすっかり忘れ、送らなければならないメールを抱えたまま飛行機に乗り込み「まぁいいか、あと何件かだから、離陸までに打てば」と思っていたら、アンテナが立たない！となった。でも、ここがヨーロッパに来て感じるルールの厳格さ。日本の場合、たくさんルールをつくるけど、当の問題が起きている渦中だけで後はすぐに忘れてしまうというか、みんなの「まあ、いいか」がいつの間にかオフィシャルになる。本当はいらなくなったらそのルールをなくしルールの数を皆が覚えられる範囲にとどめておけばいいのに、その都度なくさず維持し新たなルールで上書きしていく。でも、その上書きで下のものは完全に消せず、地味に残り、時にそれが形を変えて我々を生きづらくしていく。サリン事件以降のゴミ箱の減少もそれではないだろうか？　その時はゴミを回収せずに済むのは楽だし、経営的に助かると思ったのかもしれないが、今となって「ゴミ箱を増やせ」と声高に言うのはどこか環境に対して悪と思わせる風潮がある。でも、やはりゴミ箱は確実に外のアクティビティの選択肢を増やす。

そう考えると、やはりルールはできるだけポジティブに使いたいと思う。そのひとつの例としてオランダのサイクリングルールがある。それを整備することで、自動車も人も安全に移動可能になる。さらに駅や鉄道の自転車利用を見越した整備を行うことで、車に頼らない市民の移動の幅を広げ、環境配慮型の対策となる。同時に人と自転車による移動を充実させることで、ストックとしての地元の商業を発展させ街に豊かさももたらすこのルールだが、ヨーロッパの人たちのルールの使い方には背景にこうしたコンセプトがあり、そこが違いを生んでいる気がする。もちろん、そのルールを破って歩いて自転車専用道路に出ると、ものすごい勢いで横を突っ走られどやされるのだが。

Flat Table試作中。なかむらしゅうへいくんは数ミリのゴミすら見逃さない

この和洋の感覚の違いはものづくりにも現れている気がする。オランダでも我々のFlat Tableをつくっているが、このつくり方に差がある。日本の場合は、昔のように「見ていればわかる」とは言わないまでも、とことんまで色のグラデーションにこだわってピグメントの量、混ぜ合わされたエポキシを流す一回の量を調整する。その結果とてもきれいなグラデーションができる。でもなぜか、毎回イレギュラーなことが出てくる。表面に皺が寄ったり、原因を突き止めにくい問題が浮上し、だいたい「わかんないんだよなぁ」というしゅうへいくんの言葉で締めくくられ、神秘的なままのものができる。

一方オランダでは、しっかり見ていないと「おい、それじゃ色のコントラスト出てないじゃないか！」ということがすぐに起きる。つまり、細かい差をあまり気にしないのだ。だが、しゅうへいくんの時のように皺が寄ったり、原因のわからない明らかなエラーは起こらない。起こったらその原因を突き止めつつ、すぐに捨てて一からつくり直す。とにかく、物事を簡単にして、科学的に検知できる部分をきちんと数値化して

オランダでFlat Tableをつくる工場は、大きく設備も整っており誰もがつくれる環境になっている

わかりやすくし、それをマニュアル化する。問題が起きたら、また科学的に検証し、改良策を見出す。その結果、今日初めて来るアルバイトの子でもつくれるようなマニュアルが出来上がり、神がかった美を追求するまでは至らないものの、わかりやすい素人的な精度は上がる。これは初めてのロザンナ・オルランディでの展示の時にルークが必死につくって、結果的にフラットではない波打ったFlat Tableができた時も同じだった。Established & Sonsのセバスチャン・ロングはコンセプトを即座に読み取り、無名の僕に対して商品化の話を持ちかけたのに対し、日本の方々は手で天板をさすりながら「これでいいの?」と僕に問うのだった。

鉄道でもその差はある。日本ではどこに行ってもあるが、ヨーロッパでは改札的な機能がないことが多い。トラムやバス、普通の鉄道でも同じで一見するとキセルや無賃乗車が簡単にできる。でも、たびたび見回りが来るので、その時に見つかると四倍、五倍のペナルティを払わされるようだ。それでどんなバランスが取れているかはわからないが、高い人件費をかけてチェックに手間暇をかけるよりも、個々に任せた方が結果的に利益になると考えているのだろうか？　ニューヨークの地下鉄では、どれだけ乗ろうが一ドルなのでSuicaのようなまどろっこしいものがなく、普通にVISAなどカードを改札の機械にかざせば入ることができ、出る時はノーチェックとなる。これもきっとSuicaなどの機械を開発し導入して、手間暇かけてもメンテナンスなどを考えるとこの簡単なシステムの方が結果的に利益は高いという算段なのだろうか？　同時にユーザーもその細かさに対応しきれないことをわかっているのだろう。一方、日本ではみんな几帳面でビジネス側はビジネス側で細かいニーズやトラブルを気にし、そしてそれによって生まれた仕組みにユーザー側もできるだけ対応しようとし、トラブルがあっても事細かにクレームを入れる。この感覚が、模倣から始まってもオリジナルより優れたものをつくりかねない日本の高精度なものづくりと、かたやヨーロッパ、アメリカでは視野の広さからまったく新しいアイデアが生み出されるという結果につながっているのだろうか？　でも、一方で日本発進のSuicaや新幹線、自動車など精度の高さは、さらにそのデータの上に技術を積み重ねられる緻密さをもっている。

これと同じようなことがBlue Bottle Coffeeでも起こる。もちろん、コーヒー自体は西洋から入ってきたものだが、創業者のジェームス・フリーマンはもともと日本の喫茶店文化が好きだった。そこで淹れられるコーヒーはすべて目見当。それでも、こだわり抜く喫茶店のマスターは毎回同じく美味しいコーヒーを淹れる。それがとても趣深く、味もそうだが、淹れる際の姿勢に敬服し、一杯をいただく。それにいたく感動したジェームスは、コーヒーを自分で焙煎し、淹れて人に提供することを覚えていく。その範囲が徐々大きくなり多民族国家のアメリカのマーケットの広さや雇用と教育を考え始めると、マニュアルが必要になってくるのだ。誰でも味の変わらないレシピである。するといつの間にかあらゆることがデータ化されてくる。銀座の地下の喫茶店ほどは美味しく

Blue Bottle Coffee のマイケル・フィリップスにコーヒーの淹れ方を教わる（二〇一五年）

ないかもしれないが、そこそこのものが人によるムラなく美味しく淹れられるようになるのである。それによって広域のビジネスに展開できるようになる。

日本初の店舗が清澄白河にできた時に、ディレクター・オブ・コーヒーカルチャーを務めるマイケル・フィリップスにコーヒーの淹れ方を教わったのだが、その時、豆の目方を量ること、注ぐお湯の量、そして順番など、すべてマニュアルがあるのだと衝撃だった。実際にお店に行っても、メジャーを使ってそのマニュアル通りに行われている。でも、違うことがある。日本人はその無敵なマニュアルを持ちながらも、気持ちとしてケトルを持つ手にもう一方の手を添えるのだが、アメリカでは腰に手をやりながら鼻歌まじりでろくすっぽメジャーも見ずに入れていく。結果、その差はまた味に現れる。

一〇年くらい前にオランダのセラミック会社である Makkum がお皿などの食器関係をやめ、タイル産業のみに特化するという話を聞いた。

それまでとても好きなメーカーで、中でもAtelierNLのClay Serviceというシリーズが大好きで家でも会社でも使っていた。コンセプトも素晴らしく、彼女たちはまずオランダ国内の土堀りから始まり、さまざまな土地で集めた土を使って製作を行う。異なる土でつくる事によって、土地の地域性を生かしたデザインでバリエーションをもたらすことが考えられている。土の色だけでなく焼いた時の収縮率も異なり、同じ型でも土が違うだけでここまで異なるものが生まれることを、さりげなくテーブルの上で教えてくれる素敵な陶器なのだ。でも、それはもう生産停止されている。決して売れていなかったわけではない。ただ一時のデザインブームは終わり、陶器では採算が合わない。それに対してもったいなくないのか？と聞いたことがあるが、四〇〇年続いてきた理由はその時代その時代ニーズに合わせ変化させてきたからだと。

その一方、同じ頃、益子に行くと工場はもちろん、作家が軒を連ねいろいろな作品を町中で販売し、そしてそこを訪れる人たちが買っていく。もちろん、陶器市のような特別な日のことである。売れる商品に何か一貫性があるかと言ったらよくわからないが、さまざまな作品にさまざまなお客さんがついて売れていく。ただ、それで十分生活ができているのかは疑問だ。それを見た時に単純に対極をなしているというよりも、日本が遅れているように思えた。

同じようなことを21_21DESIGN SIGHTで行われた「テマヒマ展」で流れていたリンゴ剪定鋏のビデオを見た時にも感じた。一日一個しかできないものづくりを賞賛するようにビデオの中では聞こえたが、市場では一万五千円もしない価格で売られている。単純に計算すると職人の手に一日当たり五千円も残らないのではないかと心配になった。世の中がグローバル化でどんどん不経済な産業を切り捨て合理化に向かっている中、日本では違う経済が回っているように思う。ただ、それももう時間の問題で、インバウンドなどに支えられていたものづくりもこのコロナでその人たちが来なくなったことで、この数年でかなり淘汰されているものと思われる。そして、その失われるものづくりをメディアなどが取り上げ、深刻に捉えているものも多く見受けられる。もちろん、予想もできなかったコロナで一気に淘汰されること自体は悲しい。より当事者に近ければ近いほど辛い。

でも同時に、時代に沿っていくことも大事なのではないのかとも思う。特に日本のものづくりは伝統工芸という既得権益があるばかりに変化せずに時代から置いてきぼりになり、必要ないものが残りすぎているのだろうと思う。もちろん、手仕事は歴史であり、文化であり、知識であるが、その純度を持ち備えていないものが多い。

では、ヨーロッパのグローバルな家具メーカーはどうしているかだが、最近なかなか国内でつくっているところは少なくなっているようで、デザインはグローバルに集め、製作は東欧やアジアなどに工場を移し、グローバルに販売展開する合理化を図ってきているように見える。イケアにいたっては自社で工場をもたないファブレス工場になっている。東欧やアジアにある低価格で大量生産を行える工場と、デザインとマーケティングに優れたイケアが力を合わせてコストを削減し、今の市場をつくり上げている。

先日、我々もよく使用させていただいているデンマークの優れたテキスタイルブランド Kvadrat の社長である Anders Byriel にお会いする機会があって、Kvadrat の工場はアジアにあるのかと聞いたら、彼らの工場は世界で四か所、国で言えばイングランド、オランダ、ノルウェーと十分先進国で物価の高い国々だという。人件費は高くないのか？と聞くと、クオリティに対してそこまで高いとは思わない、良い材料で、良い技術を知る者のもとでしっかり管理し、オートメーション化してつくる方が結果良いというのだ。クオリティだけでなく、物自体長持ちし、それによってサスティナブルな商品として長く愛され、それを愛するものがまたそれを購入していくのだ。

日本のカリモクやマルニなどは依然日本国内でつくり続けている。やはり求めるクオリティがしっかりあるとき、ヨーロッパの北の国々に比べ物価もそこまで高くないこともあって、当然、日本かつ自分の目の届くところにおいて仕事をしている。コロナ前のことだが、ヨーロッパなどの友達を見ていると、日本、たとえばカリモクやマルニ、アリタポー

二〇二二年秋開業予定の
Human Hub 天寧寺倉庫

セリンラボでの製品化の依頼はとても喜ばれているように思った。きっと高い技術、かつ丁寧なプロセスが評価されているのだろうと思う。

今、会津若松で、伝統工芸を現代風にアレンジした新たな商品ラインをつくり、企画・販売をしている関美工堂の新しい施設「Human Hub天寧寺倉庫」を設計させてもらっている。今までは伝統工芸をつくる地元の職人さんを説得し、できるだけ現代に合う商品を開発、販売してきた。しかし、その職人さんたちも高齢化し、継承する者が少なくなる中、実は若者の中に伝統工芸の技術を学びその産業に寄与していきたいと考える者が十分いるらしいのだ。ただ、昔ながらの徒弟制に抵抗のある人が多く、そこで継承が途絶えていることに気づき、関美工堂自ら、企画デザインを考え、マーケットを用意し、自分では工房をもてない若者に共同で使用できる工房を提供し、そこで製作させ、販売するところまで面倒を見て、会津の伝統工芸を守ることを考えている。

そして、我々はその空間の設計に限らず、そこで売られる商品として漆版Flat Tableをデザインさせてもらった。伝統工芸という言葉の重みからくる既成概念を拭い去るため、漆とは縁の薄い、そして我々のものづくりをよく知るTANKにモックアップとレシピづくりで協力してもらった。そのレシピを使って、会津の若手職人が継続的にこの漆版Flat Tableをつくることになる。それを僕はさらにニューヨークの50 Normanに持っていき販売してもらいたいと思っている。そして、「Human Hub天寧寺倉庫」は今後同じような試みを続けて手仕事の新たな道を模索することになる。

最近、50 Normanの現場でニューヨークに行ったときに、二五年くらい知り合いでありながら実際にはお会いしたことのなかった重松象平さんが代表を務めるOMAニューヨーク事務所にお邪魔した。夜七時頃だというのにもうすでに事務所には人がまばらで、「こんな早いんですか?」と聞いたら、最近一気に変わり、これがもう過去に戻れないこれからのスタンダードだというのだ。「それでクオリティは守れるのですか？」という質問に、「まだそこまで時間が経っていないので、なんとも言えないけど、できているような気がします。今までやっていたスタディの内、無駄と思われる分の回数を減らすなどして対応している」というのだ。心の中で「これだけ規模が大きければ」と素直に認められない僕がいた。同時に我々も実態としては労働基準監督署に指導されている立場で、日に日に改善を迫られているのだが、本当にこんな一気に縮めていいのだろうか？　これ以上縮めたら社内の必要なコミュニケーションすら失われたり、合理的になりながらギスギスし大事な文化を失うのではないか？と思うのだった。

コロナ禍より前、アムステルダムには一〇年くらい続けて年に二回程は行っていた。最初は、大学時代散々憧れていたオランダ建築なのに、近くで見てみるとハリボテが多く手抜きで好きじゃないなと思っていたが、年々開発が進み、そのたびに各計画で建築家の設計した建物が新街区を構成していくと、そこが旧市街の歴史的建物の背景を力強く支えている。そんなことを少し広い視野で見た時に感じ、オランダの都市計画の素晴らしさを実感するのだった。

そして今、コロナ、ウクライナ危機、そして温暖化とグローバル化を後退させる要因が増え、それが顕著になりつつある中、日本はむしろグローバル化に乗り遅れ、なぜかたくさんのものづくりの舞台やリソースが全国津々浦々残っている。もちろん、まだもっと淘汰されるだろうが、その豊かな環境をどのように活かせるか、そろそろちゃんと計画し周回遅れのトップに立てる方法を考えていきたい。

半建築 12
島をデザインする

二〇〇七年に、当時のINAX（現LIXIL）からサステナブルスタイル・プロジェクトという「入浴」「食」「排泄」のあり方を考え具体化するという企画に声をかけてもらい、提案に協力させていただいたことがある。その頃、僕自身はその必要性にあまり実感をもっていなかったものの、それを細々とでもINAXが研究していることがすごいなと思っていた。そして、実際に汚物を自然分解し濾過する技術があることを知ったのだが、それをINAXが本気で商品化すると、下水道インフラを前提としているINAXの事業としては成り立たなくなってしまい、販売できないんだという話を聞いて複雑な気持ちになったことがある。

スキーマでは、二〇〇九年にPACOという三メートル×三メートル×三メートルのキューブ状の建築とも家具とも言えない小屋を設計し、

HAPPAの中でできることを考えて生み出されたPACO。展示もHAPPA内で

それを本気で売ろうとしたことがある。当時はリーマンショックの後だったが、その前まで賃貸をリノベーションし転売することで利益を得られると考え、まだ相場も定まっていなかったことから比較的うまみのある仕事だったのか、リノベーションに関わる会社が一時期増えていた。PACOのクライアントであるルーヴィスもそのひとつだったと思う。だがリーマンショックでその当てが外れ、何か違うことをしたいと、資金を僕とHAPPAという場所にかけてくれたのだ。そこで、我々はそこでしかできないものをつくろうと、HAPPAの空間にギリギリ入る建築をつくることにしPACOが誕生した。そして、それを移動し、いろいろなところで使えるものにしようとしたわけだが、そもそも道路交通法に沿わないいは、重たくて動かせないいは。結局小さくても建築だから普通に電気、水道、下水、ガスなどのインフラを用意し、基礎をきちんとつくって建築しないとならない。人里離れたところでポツンと建てても、そこまで全部土を掘り返し電柱を立てインフラを整備する必要が付いて回る。

IONIQ 5専用〝旅する住まい〟(二〇二二年)。都市生活を自然の中にもち出せる

それを知った時、法律的にどうかは別として、インフラから解き放たれた建築をいずれつくりたいと思った。そしてインフラフリーであることを、見るからにわかるようにするには、いっそ建築より無人島でその生活基盤をつくることの方がリアリティがあると考えたのだ。高圧電線を海に転がさず、電源をソーラーなど自然エネルギーで得る。糞や尿も自然に浄化し循環させる仕組みが必要になる。雨水からか海水からか水を得て、それを真水に変える技術が必要になる。他の島とつながるために電気ボートが必要になり、船着場が必要になる。風呂も必要になれば、サウナも欲しくなるであろう。当然生きていくために畑が必要になる。そんな島をつくってみたいと思っている。

その夢はずっとあたためていたが、二〇二二年、小さなスケールではあるもののインフラフリーを少し考える機会となるプロジェクトに出会った。ヒョンデがIONIQ 5という電気自動車を日本で販売する際に、それが二日分の充電能力をもち、すでに車ではなく家とも捉えられることから、「Mobile House〝旅する住まい〟」をコンセプトに移動式のタイニーハウスをデザインさせてもらったのだ。この一〇年あまりで自然エネルギーがスマートグリッドの中を流れ、それを使って充電することで、電気においてはインフラフリーが可能になっている。そして、排泄物についてもバイオトイレが具体的に世の中に誕生しつつある。そして、海水から淡水をつくり飲み水にする技術もある。そのように考えるとすでに世の中はインフラフリーの技術をもっている。一三年前PACOをつくった頃は技術的にはあり得るがまだ現実的ではないということだったが、現在ではもう可能なのだ。夢ではなくなっている。

その時のためと感じなくもない、最近ひとつ楽しんでいるアクティビティがある。SUPに乗っての水辺の冒険だ。もともと自宅の成城から多摩川が近く、週末に近場のデイキャンプ感覚で行っていた。都心でありながらそれなりに木が生い茂り、土手から中に入ったあたりに隠れ家的な河原があって、そこで釣りをしたり、ドローンを飛ばしたり、バーベキューをやったり、泳いだり、化石拾いをしたり、好き勝手に自由にできる場所があった。そしてあまり知られていないのか、遊びに来ている人数も適当でそれぞれバラバラなことをしていてもお互いに気にならない。そんな場所によく行っていたのだが、コロナ禍になって家にいる時間が増え、駅方向、都心方向とは異なる普段行かない近所を散策する機会が多くなった。その頃に、ジビエとカレーを食べられるbeet eatや和泉ブルワリーというクラフトビール工場、そして来春オープン予定で携わらせていただいている狛江湯など、近所に素敵な場所を見つけたのだった。その辺りに立ち寄りながら最終的には川に行くのだが、ある時、何か遊べないかなと思い立ってSUPを買ったのだ。初めはひとり慣れずにSUPをやっていたのだが、インスタグラムなどで写真を上げていたら「え、そんなことしていいの?」と言いながらTANKの福元さんたちが嗅ぎつけ、少しずつ参加メンバーが増えていった。

最初の頃は小田急線の和泉多摩川駅付近の多摩川でやっていて、ベースは狛江側で川を横断し対岸にSUPを着け、登戸のフグレンに行くだけでもちょっとした旅感を楽しんでいたのだが、だんだん飽きてきたの

SUPで水上から見る羽田空港に降り立つ飛行機

か、このままもっと下っていったらどうなるんだろうね、という話になった。ひとりの場合、そんなことにはなかなかならないのだが、複数の男子が集まるときまってエスカレートする。そしてある雨の日に四、五時間かけて多摩川を下ったのだ。まるで夏休みの少年の冒険のように雨に降られながら。その解放感がたまらず、あれよあれよという内に気づくと羽田空港の近くまで来ていて、目の前で飛行機が離発着しているのが見えた。その時は時間も時間だしこれ以上行ってはいけない気がし、羽田空港付近で陸に上がりSUPをタクシーに入れて帰ったのだった。

それで味を占めた我々は、次に神田川で待望の御茶ノ水駅を下から見上げるツアーを決行した。流石にあの付近はどこでSUPを膨らませ、どこで着水させるか、場所探しに困ったけれど、少し離れた隅田川付近で着水させ神田川を上っていったのだった。途中御茶ノ水駅を下から見上げるのだが、そのポイントでは地上面との距離がだいぶある。後で調べてみると、その付近の神田山を切って小石川の川の水を隅田川まで流し、お堀付近の埋め立てを行ったという。そんな歴史の中に身を置いて、

秋葉原から御茶ノ水の間、複数の鉄道と錯綜するところ

そこから後楽園付近まで上ってお堀の方に曲がり、一九六四年のオリンピックに合わせて急ごしらえで川の上につくられた高速道路が走っている下を漕いで日本橋を通り、最後は隅田川まで行った。とにかく都市の影というか、昭和の頃の川に抱いていた汚い印象をそのまま背負ったような場所を通っていた。僕は都市のメガストラクチャーを身体ひとつで体験できたようで興奮したものの、他のみんなは澱んだ感じが結構辛かったようだった。

　その後しばらくして、今度はお台場からレインボーブリッジの下を通過して豊洲まで行き、そこから隅田川を上って佃島をぐるっと回り、もうひとつの隅田川の支流に入り月島でもんじゃを食べて帰ったことがある。その時は水面と街が近く、ウォーターフロント的な建物が立ち並び、海や川を肯定して見ている感じの風景で、天気が良かったこともあるのだろうが、みんなとても気持ち良いツアーを楽しめたようだった。こんなふうに、水に対する都市の感覚も地域によって歴史が異なり、そして建築のつくられ方もまったく異なることに気づく。しかし、今となって

SUPでもゲートを使わせてもらえ、なかなかなアトラクションとなる

は神田川もだいぶきれいになって背を向ける対象ではないと思うし、豊洲付近の海も一見殺伐としているように思われるがなかなか良い海で、天気の良い時などとても穏やかでレインボーブリッジを下から見上げた時はテンション上がる。

また、一度だいぶ長距離を移動したこともあった。市川まで行ってそこから江戸川をゆっくり下り、旧江戸川、新川を通って荒川に至り、ゲートを潜って旧中川に入り水路を通って錦糸町まで行き、そして黄金湯で一風呂浴びて帰るという全長二一キロメートルほどのツアーだ。同じところに戻らないでいいワンウェイのツアーができるのも、SUPがインフレートで折り畳み可能だからで、そこがSUPの気軽なところで好きだ。またこうしていくつかの川を横断していくと、所々でゲートを介して新たな川に進入することになるのだが、まずSUPごときにあれだけのゲートを開放してくれるのも素晴らしいし、同時に東京がやはりゼロメートル地帯であることを実感するのだった。

このように水面から東京を見る経験は素晴らしいのだが、いつもこれを我々だけで独り占めしていていいのだろうか？と感じる。東京都の住民は約一四〇〇万人いると言われているが、この水辺を楽しんでいる人は日に千人もいないのではないだろうか？　もったいない。水辺をもっと有効的に活用可能なものにできないものだろうか？　今、高速を地下に潜らせ、水辺をきれいにしようなどと大それたことが考えられているようだが、今の状態のままでも変えられることがたくさんあるはずだ。同時に川沿いにもっと素敵なお店などができたら相乗効果だと思う。

最近だと国内外問わず、水を見つけるとレンタル屋を探しSUPをしている。やはり、陸から見ている陸の見え方と海や川から見える陸の見え方は異なっていて距離間隔も違う。海や川の方が直線に移動できる分近く感じるのだ。そして地域によって水と生活の距離が違って、それも体感できる。ヴェネチアでやった時は既存のボート屋との小競り合いが絶えず、それを見ているだけで面白いのだが、運河を動いていてもすぐ近くで飲み明かしている人たちや間近で生活している人、船を楽しんで

デンマークの水辺、着水可能な場所がいたるところにつくられている

いる人などと目線が合って、軽いコミュニケーションを取りながら進むのがとても優越感を感じ楽しかった。今夏訪れたデンマークでは、とにかく彼らの水への親しみ方が日常的で、夏にこんなに水と接していたら、冬はどうなるんだと思うくらい日常使いがすごかった。歩いてきておもむろに裸になって海に飛び込み、また上がってゆっくり日向ぼっこをしながら友達と話をし、また飛び込む。さらにただ泳ぎだけではなく、ボートやカヤック、ＳＵＰに至るまであらゆる乗り物が行き来する。それは子ども大人関係なく。そして、その周辺の建物や公園のあり方もちゃんと水に向けてできていて、あらゆるところに着水可能な場所があり、いつでも遊べるようになっている。東京では着水ポイントを探すのも一苦労なので、それを見ていてただただ羨ましかった。

もちろん、日本は地震による津波や洪水があるが、危険度に差があっても全部が同じように厳しめにできていて、なかなかスキがない。結果、海や川との接し方を知らずに、より距離が遠ざかっている気がする。日本は列島で細長い分、大半の地域で海か湖か川がある。もっとその宝を活かしていきたい。そして、その訴えが少しずつ響いてきているのだろうか？　最近、ご依頼いただく物件で水辺近くが増えている。広島の田島、そして尾道、大垣の水門川、沖縄古宇利島、静岡の用宗海岸、藤沢と……。そろそろ、島のプロジェクトが来るのでは⁉と期待。島を持て余している方、小さくて良いので是非ともお声かけください。

おわりに

思い返してみれば、二〇二一年元旦に一ページも書いていない、出版社も決まっていないのに誓った一年の抱負が、もう一冊の「半建築」出版だった。結果的に約二年になるが、無事出版に漕ぎ着けた。今何をしているかなど気にもせず「(編集者は) まず臼田さん!」と決め、相談してみたら、どうやらフィルムアート社という出版社で編集のお仕事をしていることがわかった。世間話のように相談を始め、徐々に擦り寄り、抜け出られないようにしての「フィルムアート社」からの出版。大変感謝しております。そして、この出版を機にこれまで何かと逃げてきた方々からももう逃げる理由がなくなってしまいました。ただその間、本当に自分と向き合って自分が社会の中で何を行っているのか、そしてそれにはそれなりに筋があって意味があるのではないかと自覚し、そこにもっと厚みを与えたいと思う機会をいただき大変感謝しています。自分が一番勉強になりました。読んでいただいた皆さまにもそのお裾分けが少しでもできていてほしいと願うばかりです。そして、最後になりますが、臼田さん同様、本書に記されているいくつかのプロジェクトをご一緒し、長らく僕の仕事をそばでよく見てくれていた良き理解者である長嶋りかこさんと稲田くんにこんな素敵に本のデザインをまとめていただきました。ありがとう。

カラー図版キャプション

49 Kurage（二〇〇八年）。本来、曲げずに遠くに光を届ける光ファイバーを曲げて照明にした。

50-51 UDUKURI（Established & Sons、二〇一二年）。

52-53 ColoRing（ミラノサローネ、二〇一三年）。針葉樹合板にウヅクリし、水性塗料を塗り重ね研磨する。

54-55 TAKEKAGO（ミラノサローネ、二〇一四年）。竹籠にラバーをつけて仕上げる。

56 SHIBARI（二〇一四年）制作中の様子。

101 奥沢の家（二〇〇九年）。もともと階段を九〇度折り返していたところを直線にし、トイレのドアから出る階段になる。一度現れ、消えた人が再び……。

102-103 HANARE（二〇一一年）。自由曲線のテーブルに丸太の柱。

104-105 HAY TOKYO（二〇一八年）。地下にお客さんを引き込むにはこのくらいのショックを与えないと降りてこない。

106-107 HAY TOKYO（二〇一八年）。ハンドリフターで動く家具。

108-109 武蔵野美術大学16号館（二〇二〇年）。プラスターボードにパテ仕上げ、サインも仮でハンコ押し。

110-111 武蔵野美術大学16号館（二〇二〇年）。ポールシステムを利用してアトリエを可変式に間仕切る。

112-113 東京都現代美術館 サイン什器・家具（二〇一九年）。ハンドリフターを使って移動可能。

114-115 東京都現代美術館 サイン什器・家具（二〇一九年）。屋外にも置くことができ公園から美術館に人を引き込む。

116-117 JINS Ginza（二〇一九年）。スチールラックにスポンジ。

118-119 DESCENTE BLAC 横浜（二〇一七年）。天井がストックになっており、昇降式ハンガーで降りてくることでディスプレイにもなりうる。

120-121 Blue Bottle Coffee 三軒茶屋カフェ（二〇一七年）。粗々しいRC壁面にBlue Bottle。

122-123 Blue Bottle Coffee 京都カフェ（二〇一八年）。京数寄屋にBlue Bottle。

124 Blue Bottle Coffee 清澄白河ロースタリー&カフェ（二〇一五年）。オークランドの工場のように背面が大きな窓になっている。

173 FREITAG STORE JEJU by MMMG（二〇二〇年）。D&DEPARTMENTの窓から見る。

174-175 D&DEPARTMENT JEJU by ARARIO（二〇二〇年）。窓の向こうにアラリオミュージアムの赤い壁面が見える。

176-177 FREITAG STORE JEJU by MMMG（二〇二〇年）。D&DEPARTMENTに通じるテラス。

178-179 Portable（二〇二〇年）。路地の向こうはD&DEPARTMENT。

180-181 creamm（二〇二〇年）。窓にD&DEPARTMENTが映り込む。

182-183 KOLON SPORT SOTSOT REBIRTH（二〇二二年）。通りの向こうはアラリオミュージアム。

184-185 Aesop Aoyama（二〇一一年）。さまざまな色、厚みの古材で構成される棚。

186-187 第一七回ヴェネチア・ビエンナーレ国際建築展 日本館（二〇二一年）。メイン会場が材料置き場に。

188-189 T-HOUSE New Balance（二〇二〇年）。現場におけるまかない家具からヒントを得てつくった可動できるディスプレイシステム。

190-191 50 Norman（二〇二二年）。ブルックリングリーンポイント。

192 SENBAN（ミラノサローネ、二〇二一年）。ボール旋盤で削ったSENBAN。

193 SENBAN（ミラノサローネ、二〇二一年）。柱状旋盤で削ったSENBAN。

194-195 SENBAN（二〇二一年）。柱状旋盤で削られたレンガSENBAN。

196-197 黄金湯（二〇二〇年）。

198-199 ℃五反田（二〇一八年）。

200-201 Aesop LUCUA 1100 （二〇一九年）。FRP製シンク。

202 FarmMart & Friends（二〇二二年）。室内から屋外を眺める。

203 FarmMart & Friends（二〇二二年）。屋外から室内側を見る。

204 LLOVE HOUSE ONOMICHI。二〇二一年ミラノからの帰国の際、尾道で隔離。そして掃除を。

写真クレジット

［カラー図版］

49・101・102－103・122－123・124　太田拓実

50－51　Stephan Burri

52－53・56・192・193・194－195　スキーマ建築計画

54・55　Hirotaka Hashimoto

104－105・106－107　西将隆

108－109・110－111・112－113・114－115・118－119・120－121・188－189・200－201　長谷川健太

116－117　阿野太一

173・174－175・176－177・178－179・180－181・182－183　Ju Yeon Lee

184－185　Alessio Guarino

186－187　Alberto Strada（提供：国際交流基金）

190－191　GION

196－197・202・203　高野ユリカ

198－199　ナカサアンドパートナーズ

204　吉田挙誠

〔モノクロ図版〕

14・15　原田亮太郎

18・26・27・36左・59・62・67・69・70・71・72・86・98・99・130・135・140・141・150・151・153・154・158・164・166・167右・206・207・208・213・216・218・220・224・225・228・233・239・242・243・244・246
©スキーマ建築計画

19　蜷川実花

20・32・35　小木壮介

34　阿野太一

36右　木奥惠三

38・39・43・44・58・61・64・90・92・238
太田拓実

47　© 2019 Artek

68・83・96・149・165・169・171
長谷川健太

73　©C＋A・平田晃久・スキーマ・ティーハウス設計共同体

75　西将隆

87　Courtesy of Vitra

93・160　ナカサアンドパートナーズ

128・129・131・132・133・134・136・137・139
Ju Yeon Lee

142　Matteo Girola

144・145　Alberto Strada（提供：国際交流基金）

156・157　TANK

161・167左　高野ユリカ

163　千葉顕弥

209・254　吉田挙誠

214・215　高塚遼

長坂常
（ながさか・じょう）

スキーマ建築計画代表。一九九八年東京藝術大学卒業後にスタジオを立ち上げ、現在は北参道にオフィスを構える。家具から建築、そして町づくりまでスケールも様々、そしてジャンルも幅広く、住宅からカフェ、ショップ、ホテル、銭湯などなどを手掛ける。どのサイズにおいても1／1を意識し、素材から探求し設計を行い、国内外で活動の場を広げる。日常にあるもの、既存の環境のなかから新しい視点や価値観を見出し「引き算」「誤用」「知の更新」「見えない開発」「半建築」など独特な考え方を提示し、独自の建築家像を打ち立てる。
代表作：Sayama Flat／HANARE／Flat Table／Blue Bottle Coffee／桑原商店／DESCENTE BLANC／HAY／東京都現代美術館 サイン什器・家具／武蔵野美術大学16号館／D&DEPARTMENT JEJU by ARARIO など

半建築
二〇二二年一〇月一五日　初版発行
二〇二四年一二月一〇日　第三刷

著者　長坂常

編集協力　スキーマ建築計画
デザイン　長嶋りかこ＋稲田浩之（village®）
DTP　沼倉康介（フィルムアート社）
編集　臼田桃子（フィルムアート社）
発行者　上原哲郎
発行所　株式会社フィルムアート社
〒一五〇-〇〇二二
東京都渋谷区恵比寿南一-二〇-六　プレファス恵比寿南
tel 03-5725-2001
fax 03-5725-2626
https://www.filmart.co.jp/
印刷・製本　シナノ印刷株式会社

ISBN978-4-8459-2139-3　C0052
落丁・乱丁の本がございましたら、お手数ですが小社宛にお送りください。
送料は小社負担でお取り替えいたします。